大切な人を知り、大切な人を大切にする医院運営

患者様と永く、
スタッフと永く、
地域の皆様と深く永く
お付き合いする

医療法人宝歯会グループ代表・歯学博士
梶原浩喜

工作舎

目次

はじめに　私がゾウのマークで患者様をお迎えする理由
父が残してくれた大いなる遺産――004

第1章　歯科医師である前に社会人として患者様と向き合う
歯科医師として最初に学ぶべきこと――018

第2章　患者様と永く、スタッフと永くお付き合いする
スタッフと共有した時間が最も大切な同胞感を生む――050

第3章　医療技術のレベルを高めると共に運営戦略を立てる
患者様・スタッフ・家族が幸せになるピラミッドづくり――083

第4章　診療室の外に出て初めて気づいた意義
訪問歯科診療を通じて深く永いお付き合いを続ける――113
第5章　一流企業と同じ組織図の組織を構築する
歯科医院を一流企業へと成長させる――137
第6章　社会性の高いグループを目指す
公益財団法人、美術館を設立し、業界のベンチマークを目指す――164
第7章　人との出会いは人生を変える
多くの恩人から学んだこと――188
あとがき　「ヒト・モノ・カネ」から「ヒト・ヒト・ヒト」へ
新たな学びと新たな出会いが未来への力に――220

はじめに

私がゾウのマークで患者様をお迎えする理由

父が残してくれた大いなる遺産

地域に愛される歯医者さんに

「ゾウの歯医者さん」

患者様や地域の皆様は、私たち宝歯会《ほうしかい》グループの歯科医院をそう呼びます。

一九九四年に法人化して以来、医療法人宝歯会のロゴマークは長い鼻で歯ブラシを持つゾウ。決して怖くない、友だちのような歯科医院をイメージしてもらいたいと願ってあちこちに活用しています。私の手描きイラストをデザインしていただいたもので、商標登録もしました。「ゾウさん先生に診てもらおうね」と連れてこられたお子様が、診療台の上で神妙な顔をしてゾウさん先生、すなわち私を待っている姿には目を細めてしまいます。

現在宝歯会は福岡県を中心に、山口、広島、岡山、兵庫、神奈川で二三の歯科医院を運営するほか、介護・保育などの事業も手がけるようになりました。

各歯科医院やグループ会社の名前には、私の原点である「かじわら歯科小児歯科医院」を除き「スマイル歯科医院」「ひまわり歯科医院」と「スマイル」あるいは「ひまわり」をつけています。歯科技工部門の会社であれば「スマイル・ラボ」といった具合です。

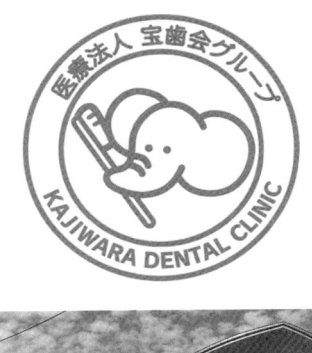

上｜医療法人宝歯会のロゴマーク
下｜かじわら歯科小児歯科医院
（北九州市若松区下原町1-1）

親しみやすい良い名前だと思っていますが、全ての人が正式な名前をご存知なくてもかまいません。むしろ「緑のゾウの歯医者さん」として地域の皆様に愛されることが嬉しいのです。病院の駐車場に掲示してあるのも病院名ではなくゾウのロゴマークです。

二〇二三年暮れに関東で初めて開院した「横浜西ホネスティ歯科」のマークも、もちろんゾウです。スマイルでもひまわりでもない名前は初めてですが、正直を意味するホネスティの名前に恥じぬよう誠実に診療を行い、ゾウの歯医者さんとして永く愛され、地域に貢献したいと願っています。

ゾウの動物言葉は「家族愛」

皆さんはゾウにどのようなイメージをお持ちでしょうか。

ゾウは大きくて、優しくて、頭の良い動物です。リーダーの下、群れで生活し、互いの結びつきも強いと言われます。身を挺して危険にさらされた子どもや仲間を守る姿には胸が熱くなります。少なくとも私はゾウが嫌いだという人に会ったことがありません。

花言葉ならぬ動物言葉で表現するとすれば、ゾウのそれは「家族愛」になるでしょう。

私も皆さんと同じように成功と幸せを願い日々仕事をしていますが、想いを寄せる基本は家族の幸せです。大切な人と幸せな時間が過ごせなければ、成功も虚しいものになってしまいます。

私たち宝歯会が掲げるミッションも、永く続く絆を大切にするという意味で「家族愛」に通じるものです。その我々が最も大切にしているミッションは次の通りです。

患者様と永く
スタッフと永く
地域の皆様と深く永くお付き合いする

患者様と永いお付き合いがしたいと願わない歯科医師はいません。それは患者様の目から見れば、永く通える歯科医院であるということを意味します。そうした期待にこたえるためには技術を高め、知識を深める努力を続けることはもちろん、こころを開いて患者様の声に耳を傾けなければいけません。患者様が選ぶ基準は「あの先生に診てもらいたい」という人間としての信頼です。

二つ目のスタッフとの関係はどうでしょう。

私自身、開院したばかりのころは「最新最高の歯科医療を提供する」というミッションを掲げていました。そして、医療技術を磨くことと医院を大きくすることばかり考えて、スタッフとのコミュニケーションを後回しにしていました。そのため優秀なのにすぐ辞めてしまうスタッフもいて、苦い思いをしたものです。

しかし、少しずつ働く環境を整え、家族のように心を通わせるよう心がけてからは、みんな、永く勤めてくれるようになりました。個人医院としてではなく法人化して組織的な運営に変えたことも大きいと言えるでしょう。育児休暇を利用して、子育てが一段落した後、再び現場の力になってくれる人がほとんどで感謝しかありません。スタッフも家族との時間を大切にできるから働き続けられるのです。

現在、宝歯会グループでは五〇〇名以上のスタッフが働いています。ここまで成長出来たのも、ゾウのような家族愛でスタッフとの絆を大切にしてきたからであると胸を張って言えます。

そして、こうして患者様が安心して通院し、スタッフも永く勤務できる歯科医院であることが、三つ目に掲げた地域の皆様との信頼関係につながります。スタッフが力を合わせてより良い医療で地域に貢献すること、これこそが家族愛に基づく宝歯会のミッションであるとも言えます。

ゾウが、悩んでいるように見えるか？

ゾウが好きなのは父親譲りです。

両親は二人とも小学校の教員でした。しかし、夕方早くに帰ってくるなんてことはありませんでしたから、小さな私の面倒を見てくれるのは、おじいちゃん、おばあちゃん。家族で旅行にということもなく、父親が何度も連れていってくれた唯一の思い出の場所とも言えるのが「到津遊園《いとうづ》」（現・到津の森公園）という動物園でした。今も小倉では緑豊かな憩いの場所です。

当時は小さなバイクを運転する父親にしがみついて、飼育員のお話会や、夏休みに開かれる夜の動物園にも連れていってもらいました。もっとも子どものためにというより、父親自身が行きたかったのだと思います。

「なんでゾウのところに来るん？」

ある日、私は他の動物は素通りでゾウばかり見る父に尋ねました。クマもライオンもいるのに、父はゾウの前で長い時間を過ごしていたのです。

「ゾウが、悩んでるように見えるか？」

それが父の答えでした。

キリンは悩んでいるような表情を見せるし、ライオンは威嚇することもある。でもゾウは穏やかで慈しみ深く見えるところが好きだと言うのです。

当時はそんなものかなと深く考えませんでしたが、いつのまにか私もゾウが好きになりました。

動物園があると聞けば全国どこでもゾウに会いに行きます。見るのはゾウだけです。ゾウに餌を支援する活動も気がつけば三〇年になりました。

ゾウはどこか精神安定剤のような力を持っている気がします。ぼーっと眺めているだけで安心するのです。父も永い時間向き合いながら、心の中で話しかけていたのかもしれません。

いきものや花を愛して人を知る

「きれいですね」「名前はなんでしたっけ?」と、治療を終えた患者様が診療台の横の花を見てスタッフと言葉を交わしています。余った花を表に挿しておくと「いただいてもいいですか」と声をかける方もいらっしゃいます。

日本一生花の多い歯科医院を目指す私たちは、院内に花を絶やすことがありません。建物の周辺や道路沿いにも花壇を整備して花いっぱいの「フラワープロジェクト」を展開しています。

これは患者様や地域の皆様に心地よく穏やかになっていただきたいという思いと、感謝の気持ちから始めた取り組みです。

思い返すと私の父もまた校内ばかりか、学校の前の交差点周辺にも熱心に花を植えていました。

また植物だけでなく、いきものも好きでした。祭りで売られていたヒヨコを教室で育てたり、子どもたちとカブトムシや魚を捕って飼ったりしていました。校長になってからも「今日は畑をつくった」「ウサギ小屋をつくって遊ばせたらみんな喜んだ」と、子どもたちを笑顔にしようと一生懸命でした。一方的にしゃべり続けるものですから私は迷惑そうな顔をしていましたが、実は「こんな学校にしたいんだ」という父の夢を聞くことは嫌いではありませんでした。

私の生まれ育った北九州の若松は農業も漁業も盛んな地域です。特にキャベツは九州でも有数の生産地だし、響灘《ひびきなだ》は日本有数の漁場です。

父も農家のせがれで、高校や大学では農業を学びました。そのせいもあるのでしょう。家にはイヌもネコもシャモもいたし、メジロも三〇羽ぐらい飼っていました。

「サカナや虫や鳥のことがわからずに、どうやって勉強するんだ」

と何かにつけ父は言ったものです。おそらく教科書だけでは学べないことが人生を豊かにすると感じていたのでしょう。

私がゾウのマークを緑色にしているのも自然を大切に、自然と共存しようとの想いを込めてのことです。

他人を大切にする他己の心

家には毎日のように学校の同僚や部下がやってきました。父はお酒や食事をふるまってごきげんでしたが、家族の誕生日も祝わないのに他人ばかり大切にしてと、子どもながらに苦々しい思いで眺めていたものです。

父は

「人にはおごってあげないといかんよ」

が口癖でした。親戚と食事に行ったとき、みんなは割り勘にしましょうと言っているのに、父はさっと一人で払っていたのを覚えています。今なら分かりますが、当時は「お金もないのに、またあんなことをして」と決していい気持ちはしませんでした。

また夏休みになると、知らない子どもたちが家に来ていました。さまざまな事情で学校に通えなくなっていた子どもたちに勉強を教えていたようです。「どうして他の家の子がいるんだろう」と首をかしげつつも私は外に遊びに行ってしまいましたから、事情を知ったのはずっと後でした。

極めつけはプロレス事件です。小学一年生のあの日、私はチケットを握りしめ、夢にまで見た試合会場の列に並んでいました。ところが、いよいよゲートへというそのとき、あろうことか父は「差し上げます」とチケットを目の前の家族に譲ってしまったのです。その家族は大人のチケットしか購入していなかったようで、子どもの入場を断られてしまいました。その子は今にも泣き出しそうでしたが、「なんで勝手にあげたん！」と泣き叫びたいのは私の方でした。ところが抗議の意味を込めてふてくされても父は気にも留めてくれませんでした。そして、何もなかったかのように「ラーメンでも食べに行こう」と言って一緒にラーメン屋に入ったのです。店内で涙が出て止まらなくなり、このときの味がしないラーメンを私は一生忘れられません。

歯科医師を志した理由

私が明確に歯科医師を志したのは高校生のときでしたが、職業として意識したのは小学生のころで、歯科医師だった親戚のおじさんの影響でした。

たまに会うと、おじさんは私にこう言ったものです。

「成績はいいのか？　歯医者は良い仕事だよ」

つまり地域の人に貢献することで感謝される仕事だというのです。

しかしそれ以上に、子どもだった私の眼にうらやましく映ったのはその暮らしぶりです。家族でハワイ旅行をしたり、家に高価なウイスキーが並んでいるのを見て、子どもながらに歯医者は恵まれた職業なんだなとわかりました。裕福というだけでなく、家族も幸せそうに見えました。私の家も決して貧しかったわけではありません。しかし、海外旅行なんて夢のまた夢。ゾウを見るために動物園に行くのがせいぜいでした。

なんといっても「おい、ビールもってこい」と、母をアゴで使う父親があまり好きではありませんでした。両親は仲が悪かったわけではなく当人にしか分からない絆で結ばれていたのだと思います。ただ子どものときはいろいろな夫婦の形があることなど想像できませんでしたから、大人になったらもっと家族を大切にしたい、歯科医師になれば自由になるお金もあってそれが叶うと思えたのです。

教師だった両親はさぞ教育熱心だったのだろうと思われるかもしれませんが、父からも母からも「勉強しなさい」と言われたことは全くありません。父などは高校生のころなど勉強していると「ビール飲まんか」「テレビ見ようや」などと、むしろ気をくじくような誘いばかりしてきました。そんな調子なので、医者になれ、どこそこを受験しろと、うるさく言われたこともありませんでした。

その代わり父親が繰り返したのは「本を読みなさい」でした。職業柄、本屋さんとは顔見知りだったのでしょう。「本は好きなだけ買っていいぞ」と言われ、ツケで買っていました。そうして本が好きになった私は一時、小説家を夢見るようになり高校生のとき雑誌のコンクールで最優秀賞をいただいたこともありました。

父の死

そんな父は、五四歳であっけなく他界しました。脳血栓でした。一九八三年の暮れのことです。私は鹿児島大学歯学部の一年生でした。

正月の葬儀ということもあり広く知らせなかったにもかかわらず、「校長先生にはお世話になりました」と四〇〇人以上の方が弔問に訪れ、私は初めて父が他の人にかけてきた思いを知ることになります。中には「結婚式の費用を出してくださったんです」と涙ながらに語る方までいらっしゃいました。驚きましたが、父なら喜んでそうしただろうと想像できました。父は何より周りの人たちの幸せを願って生きる人間だったのです。私たち家族にもっと目を向けてほしかったのは事実ですが、不器用で愛情表現がへただったのでしょう。

今思えば、黙ってゾウを見ていたのも、口では言えない何か大切なことを背中で私に教えようとしていたのかもしれません。

父のレガシーを胸に

私は鹿児島大学を卒業し、広島県の医療法人みずほ会清水歯科医院に就職しました。先生方には大変よくしていただきましたが、一九九一年に母が倒れたことをきっかけに、故郷の、そして母が一人で暮らしている若松に戻ることを決意しました。

それから開業までの道のりは決して平坦ではありませんでしたが一九九二年五月七日、北九州市若松に原点となる「かじわら歯科小児歯科医院」を開業することができました。全くの偶然でしたが、ようやくテナントを借りることのできたビルは父の名前、梶原宝と同じ「宝ビル」と言いました。

お祝いがてら訪れた親戚や友人に混じり「梶原校長の息子さんなら」と来院してくれる方も多く、ここでもまた父のありがたさをしみじみと感じたものです。

一九九四年に医療法人を立ち上げたときも、父の名前にあやかり「宝歯会」と名づけました。もう一つの英歯会は母、英子にちなんでいます。やはり両親がいて、家族があってこその自分だと今は感じます。グループは大きくなりましたが、一緒に働く人たちや地域の皆様と家族のようにこころを通わせながら、ゾウのマークにこめた想いを忘れず社会に貢献していくつもりです。

この本では宝歯会が業界のベンチマークとなるべく、学び実践してきたことを元に、私が考える幸せ感と未来の歯科医療、歯科医院運営についてお伝えできればと思います。

第1章

歯科医師である前に社会人として患者様と向き合う

歯科医師として最初に学ぶべきこと

苦い採用経験

人生の大半を一緒に過ごす職場で、誰とどのように働くかは歯科医師に限らず大切なことです。

私はこれまでキャリアもさることながら、人間として社会人としてどうあるべきかを基準に採用を行ってきました。ミッションに掲げた永いお付き合いをするためには、この人間力こそが不可欠だと考えたからです。

おかげさまで今は人間力のある五〇〇名ものスタッフに恵まれています。

しかし、最初は手探りでした。

現在、医療関係の就職・転職はインターネットのエージェントを介するのがあたりまえになっていますが、私が開院した当時はまだインターネットも普及しておらず、スタッフは大学の教授や先輩に頼んで紹介していただくのが一般的でした。

最初に来てくれた歯科医師は卒後二年目の女性の方でした。とても熱心で感じのいい方でしたが、一年ぐらいで辞めてしまいました。

原因は私の未熟さです。無理もありません。私は仕事を任せることができませんでした。アシスタント的な仕事しかさせてもらえなかったのですから、やりがいも感じなければ少なからずプライドも傷ついたことでしょう。確かに私を慕って来院する患者さんが中心だったとは言え、もう少しやりようがあっただろうと今でも申し訳なく思っています。

二人目の男性歯科医師には少しずつ処置を任せたり、口腔外科に在籍していたこともあり抜歯等も任せたりしていました。なにより診療後は飲みに行ったり、家に招いてごちそうしたりとコミュニケーションをとっていたので、今でもお付き合いが続いています。

歯科衛生士の採用については、本当に苦労しました。

しかも歯科衛生士の中には資格を取得したのに、歯科医院ではなく一般企業を就職先に選択する人もいます。その方が給与を含めて待遇もしっかりしているし、自己実現の手応えがあるからでしょう。

これも我々がグループを会社化、法人化すべきだと思った理由の一つです。

私の考える人間力

本格的に歯科医師の採用基準を決めたのは、法人化と同時に分院展開を始めた二〇〇三年ごろです。

きっかけは、二〇〇四年に改定が決まった国の定める臨床研修制度でした。以前は国家試験に合格した後、すぐ歯科医師として勤務することも可能でしたが、新制度では一年以上の臨床研修が必須となったのです。そのため大学の介在なしに対個人で面接をする必要も生まれました。

そのときに感じたのは、キャリア以上にその人自身を見る大切さです。経験者を採用したこともありますが、どんなに優秀であっても人間力がなければ患者様に良い印象を与えないだけでなく、一緒に働くスタッフの意欲も低下してしまいます。

人間力がない歯科医師の下で働きたいと思うスタッフはいません。また歯科医師自身も、いくら技術があろうと最終的には孤独でみじめなものです。

要領のいい人は一人前になるのも早いし仕事もそつなくこなします。でも患者様が見ているのは「この歯医者さんは親身になってくれるだろうか」と、そこなのです。

ではどんな歯科医師が患者様に選ばれるのでしょうか。最終的に信頼を勝ち得るのは、正直で、丁寧で、真面目な人です。スロースターターかもしれませんが、そういう人は褒められてもおごることなく、努力を怠りません。それが人間力です。患者様もそういう誠実な歯科医師のいる歯科医院を選び、永くお付き合いしてくれるのです。

初めて関東で開業した歯科医院を「横浜西ホネスティ歯科医院」としたのも、正直・丁寧・真面目が一番であり、正直に向き合っていかなければならないとの思いからです。

面接で必ず尋ねること

「子どものころからの友だちはいますか」

私は面接でこのように必ず尋ねます。

私には小学生のころから五〇年以上交流のある友人がいます。盆・暮れに会うと若いころに戻ったかのように話がはずみ、本当に楽しい時間を過ごします。お互いどんな境遇になろうとも、肩書も利害関係も超えたところで一人の人として付き合う感覚が持てるかどうかは、とても大切だと思います。

それで人間力を見る一つの目安としているのです。

歯科医師は卒業すれば、すぐに先生と呼ばれる職業です。収入が安定し、それなりに社会的地位も手に入れてしまうと努力を怠るような人も見てきました。

「先生と言われるほどの馬鹿でなし」ということわざがありますが、五～六人の部下が付いたりすると途端に偉くなったと勘違いする歯科医師もいて、スタッフを「あんた」と呼び邪見に扱うのを見ると苦い気持ちになります。

もしそんな場面を見かけたら、私は厳しく注意します。トップにいる私が見過ごせばスタッフも「あぁ、先生は何も言わないんだ」とがっかりするし、若い歯科医師たちも真似をするでしょう。

一つだけ注意するときに肝に銘じているのは「その場にいない人のことは言わない」ことです。

その場にいない部下のことを私自身が悪く言うのを耳にしたスタッフは、私に対して「なんだ、この程度のものか」と思うでしょう。その場にいない人に対する真摯な姿勢は、リーダーとしてだけでなく人間として重要です。

あたりまえのことだから「叱る」

昨今は叱ることを避ける傾向があるようです。でも将来を見据えたときに言わない後悔の方が大きいので私は言います。ご両親や先輩の紹介で入ったスタッフなら、その人たちの顔が浮かぶからなおさらです。

私を非難する人もいるでしょう。このご時世であればなおのことです。でも真の評価は永い目で決まるものだと思います。

注意されたことを素直に受け容れない人もいますが、そこは根比べです。

子どものころ、共働きの両親に代わって面倒を見てくれた祖父母から「小さい子には優しくしなさい」「帰ったら『ただいま』と言いなさい」「家にあがるときは靴をそろえなさい」と口を酸っぱくして言われたものです。子どもだった私は素直に耳を傾けることができず、あれやこれやと反発しました。それに対し、祖父母は我慢強く何度でも繰り返しました。あたりまえで大切なことだったからです。

だから私もスタッフには親の気持ちで何度も同じことを言います。大切なことであれば、繰り返し繰り返しあきらめないで言うのが肝心です。

甘やかすことと、優しいことは違います。

「優しい」とはその方の将来を考え厳しく指導することです。結果としてその方の将来が良くなることにつながります。その場では厳しいかもしれませんが、これが「優しい」ということであり、その方に対して責任を取っているということになります。

また「甘い」対応をすれば、その場では丸く収まりますが、結果的にその方の将来は良くなることはありません。これは「冷たい」ということにつながるのではないかと思います。

私は、入社してまだ一週間ぐらいの歯科医師にかなり強く言ったことがあります。しかし、「あんなふうに言われたことがなかったので、震えが止まりませんでした」

とふり返る彼には、もう一〇年以上も勤めていただいています。グループ内を見わたしても、しっかり注意出来る分院長のいるところの方が不思議とスタッフは残るものです。

ブランドの構築――あの歯科医師がいるから通いたい

ふり返れば、私にも開業したてのころの苦い思い出があります。

歯科医師免許を取得後、最初に勤めたのは広島にある清水歯科医院でした。立地はもとより、先生のお人柄も良く評判の良い歯科医院でした。

私は、実力を過大に評価していただき二年という異例の速さで副院長になり、三〇～四〇人の患者様を診察するようになりました。

その後三年で、母が倒れたのを機に私は地元に帰り、一九九二年に「かじわら歯科小児科医院」を開院することができました。不安はありましたが清水先生も「おまえなら大丈夫だ」と背中を押してくださったし、あれだけ私を頼りにしてくれた患者様がいるのだからという自信もどこかにあったのは確かです。

しかし開業医はそれほど甘くありませんでした。始めこそ、親戚縁者や梶原先生の息子さんだからと足を運んでくださる方で患者様は途切れませんでしたが、一か月後の六月四日には、来院数がゼロを記録してしまったのです。奇しくもその日は「虫歯予防デー」でした。

「広島時代も私だから患者様がいらしていたわけではなかったのだ」と、恥ずかしながら私はようやくそのことに気づきました。「清水歯科医院」「清水先生」というブランドがあったから皆さん通われていたのです。確かに私が診察しているとき、清水先生がいらして「こんにちは」と挨拶されると皆さん、とても喜んでいらっしゃいました。

ところが私は、自分の頑張りが患者様に認められたのだと勘違いしていました。お客さんはレ

横浜西ホネスティ歯科医院（神奈川県横浜市西区南幸2-16-1 CeeU Yokohama 9F）

ストランのブランドが好きで来ているのに、自分の料理がうまいからだと鼻を高くするチェーン店の料理長のようなものです。

時間はかかりますが、最終的にはあの歯医者さんがいるから行くと支持していただける歯科医院にならなければいけません。

関東初の歯科医院の名前を、「スマイル」でもなく「ひまわり」でもなく「横浜西ホネスティ歯科医院」としたのは新たなブランド構築に挑戦したいとの思いもあったからです。宝歯会は、永く愛される一流企業になる第一歩を踏み出したところなのです。

メンター制度の導入

インターネットを通じて、私たちは以前より多くの情報、そして知識を得られるようになりました。私は今も歯科医療関係の専門誌を熱心に読みますが、雑誌やネットメディアだけでは本当の技術力や判断力は育ちません。

ではどうすれば良いのでしょう。オンラインでもオフラインでも勉強会や学会に参加する。これは基本中の基本です。同じ志を持つ仲間が集まる場所に身を置き、心からすごいなと感じる人と出会うことで、初めて具体的な目標を設定できるようになります。

加えて私は「先生がたくさんいるところへ行きなさい」「メンターを見つけなさい」とアドバイスします。

メンターとは仕事でもプライベートでも安心して相談できる人を指します。

優秀な先生は大勢いらっしゃいますが、私はその中でも技術力、キャリアに加え、人間力を感じる方をメンターとして追いかけます。

「教える」と「伝える」は違います。

私は経営コンサルタントの小宮一慶氏や大前研一氏の本をそらんじることができるほど繰り返し読んできました。しかしそれでも勉強会に足を運ぶのは、目の前のその人から伝わる言葉には表すことのできない何かがあるからです。メンターになるような人物が持つ「伝える力」、それを感じるにはやはり直接肌で感じとることが重要なのです。

技術や知識はインターネットでも得られるかもしれません。しかし人間力を持つ人との出会いは、アナログでなければ得られないものです。

ZOOMはじめとするオンライン会議ツールはとても便利で私も利用しています。しかし始まりはオンラインであっても、最終的には直接顔を合わせ、いつでも電話できるような関係になってこそ本物です。そうでなければ自分にとってのメンターとは言えません。

昔の人は、尊敬する人にお目にかかることを「謦咳《けいがい》に接する」と表現しました。やはり咳払いが聞けるほど近くで会ってこそ学びも深まるのだと思います。

こうした経験を踏まえ、宝歯会では「メンター制度」を取り入れています。

新しくスタッフとして迎え入れた人には、院長、そして上司になるスタッフに付いて、一定期間、直に学んでもらいます。技術だけでなく人間力を磨く機会になってほしいからです。

その後、彼は大丈夫だと思えたなら信頼して任せるしかありません。任せるとはつまり、その人自身が考えて決めていくということです。人間の能力を一番上げるのはこの「決める」という行動であり、成長していくきっかけになります。仮に失敗しても上司の私が責任をとる覚悟で絶対に口を出さないようにしています。

大切なのは正しさより優しさ

宝歯会の各医院では毎日朝礼を行います。

社会人としてあたりまえに身に付けてほしい礼儀や、仕事に対する考え方を伝えたいからです。

朝礼では、私は日ごろ何を考えているのか、何をしているのか、自分自身を包み隠さず見せるようにしています。「昨日マクドナルドのハンバーガーを食べたんだけど」といった些細なことも話します。

あたりまえのことだからこそ、抽象的な物言いをしたり、やりなさいと頭ごなしに命令しても響きません。カッコつけずに自分をわかってもらって初めて、考えていることは相手に伝わるものです。

そうは言ってもなかなか通じない場合もあります。そんなときは私が自ら手本を見せています。「ああ、理事長はこんなふうにやってるんだな」と、やっぱり背中を見て学ぶものはあるはずです。その上で「こういうときはどうするんだっけ」と次からは自発的に考えて行動するようになれば良いのです。

また分かってもらいたいならば、「あなたを大切にしているよ」という気持ちを表すことも忘れてはいけません。もうあなたはいいやと匙を投げれば、途端に気持ちは伝わらなくなってしまいます。

そういう私も、つい態度に出てしまうときがあるのですが、そのときには京セラの創業者である稲盛和夫氏の「つらいと感じたら親の顔を思い出したらいい」という言葉を思い出すようにしています。わが子のように愛情深く、粘り強く相対しなければいけません。

私の父親は、「うどんが熱いので早く食べられない」と訴えれば、うどんに水を入れて「はやく食べなさい！」と声を荒げるような、とんでもなく理不尽な怒り方をする人でしたが、ある意味、包み隠さず自分を見せていたとも言えます。手をあげて怒った後に、肩車してラーメン屋に連れて行ってくれるようなところもあり、心底怖いというより、むしろ「優しいな」と感じる瞬間があった気がします。理由はわかりませんが、人間として芯は優しい人だったからではないでしょうか。

そんな父の様子を思い出しながら、大切なのは「正しい」ことより「優しい」ことだと最近思うようになりました。

リーダーに求められる資質

医療はチームで行うものです。エゴがあるとうまくいきません。チームの中心となるのがリーダーです。私たちのグループで言えば分院長がそれにあたります。責任を持って分院を任せるためには、グループの理念を理解するリーダーの育成が重要になります。それは宝歯会を持続性のある、社会性の高いグループにするためにも必要不可欠なことです。

私はリーダーの教育に際し、必要な四つの資質を定めました。

一、大切な人を知る、そして大切にする
二、責任を取る
三、率先して模範を示す
四、広い視野を持つ

これらを定めるにあたってモデルにさせていただいたのが、福岡の糸瀬正通先生です。NPO法人近未来オステオインプラント学会を創設し、現在は名誉会長を務めるなど、インプラント歯科医療の向上を目指して尽力され歯科医師を率いてきた方で、私も先生の指導を受け今日があります。

先生が素晴らしいのは「あの先生はどうしてる？」「力になるよ」と常に他人のことを気にかけていらっしゃる点です。先生は「勉強したい」と申し出る者がいれば、なんとかして一番その道に詳しい先生を探して紹介してくださる、そんな方です。いつも、よくそこまでしてくださるものだと頭が下がります。

大切な人を知る

リーダーに必要な四つの資質の中でも特に重要なのは「大切な人を知る、そして大切にする」ことです。糸瀬先生も懐が深いというのでしょうか。あの人も大切だし、この人も大切だと気にかけている人の範囲が広いように見えます。この人はもういいやなどと見捨てずに、何とかしてやろうと手を差し伸べるのです。

また糸瀬先生は一流の技術を惜しみなく誰にでも教えます。「率先して模範を示す」とは、言い換えれば自分自身がやってみせることを厭わないということです。そうして手を尽くして最後まで責任を持ってやり遂げる背中をみんな見ています。だから、ついていこうと思うわけです。

私が大学時代を過ごした鹿児島で「あなたの尊敬するひとは誰ですか？」と小中学生にアンケ

ートをとると、今もダントツの一位は西郷隆盛です。おそらく西郷隆盛のことをよく知らない人でも、あの人はいいねと言うし、グッズもたくさん売れているようです。二〇〇年経っても彼のことを慕う人がこれだけいることに驚かされますが、その理由について、資質が云々という細かなことを分析しても仕方ありません。みんな、西郷隆盛その人だから好きなのだと思います。

「敬天愛人」を座右の銘とした西郷隆盛は、まわりの人のために闘い西南の役で命を落としています。負けるとわかっていてあれだけの人たちが行動を共にしたのですから、どれだけ人望が厚かったのでしょうか。

社長室に「敬天愛人」を掲げる企業のトップは多いようです。企業で働く社員においても「社長がおっしゃったので」と言うときには、信頼できる人が言うのだから何はなくともやりますとの意味がこめられています。何を言ったかより、誰が言ったかが重要なのです。

これは企業のトップに限りません。その人の話ならすっと理解できる、いつも不思議と「なるほど」と納得させられるという経験はないでしょうか。それがリーダーシップです。あの人が言うのだからと、万難を排してみんなが後に続くところまでいってこそ、リーダーとして本物なのです。

正しい評価は、内から外へ伝わっていく

インターネットでは一般の人たちによる☆による評価があたりまえになりました。歯科医院にも☆が付けられる時代です。周囲の評価が気になる人は多いでしょう。

しかし評価とは、本来であれば内側から外へと向かうものです。「うちの院長はすごいよ」「私の勤めているところは良い歯科医院だよ」と、そんな声をあげるスタッフや関係者がたくさんいることが第一。次にそれを伝え聞いた方が来院してみて「なるほどね」と納得するのが自然な流れです。

ベクトルの向きを間違えないようにしなければいけません。

我々は歯科業界の「不安と不満」を「安心と希望」に変える「業界のベンチマーク」になることを宝歯会のビジョンに掲げています。宝歯会のようになりたいと思っていただくためには、まず私たちの内部から働く喜びが自然にわき出てくるようにならなければだめです。そのためには自分に一番近いスタッフたちに、うちの代表は人間力があると思ってもらえるよう努力することが求められるのです。

三つの行動規範——院訓

一、明るく元気で大きな声で挨拶します
一、日本一、きれいな病院を目指します
一、治療は詳しい説明の後に行います

宝歯会では守るべき行動規範をみんなに徹底しています。一般企業ではよく見かけますが、歯科医院でこうした「院訓」を定めているところは珍しいのではないでしょうか。

この三つを掲げたのは、宝歯会を設立して四年ほど経ったときのことでした。当時は患者様だけでなくスタッフの数も増え運営は順調でしたが、オーバーワークを肌で感じていた時期でもあります。代診を依頼せざるを得ないときもあったし、持ち帰る仕事も多く、何やかやと一人で抱え込んでいました。

その結果、何から何までトップが指示するトップダウンでの運営には限界があると気づいたのです。そこで現場でリーダーシップをとるスタッフの育成と、自発的に働く体制づくりに力を入れるようになりました。

挨拶をしたり、掃除をしたりするなんて誰でもやっているじゃないかと思うかもしれません。でも心をこめて実践しているかどうかは別です。専門の業者を頼んでも院内はきれいになります。しかし、私は自分たちでやった方がいいとずっと感じています。

あたりまえだからこそ徹底的に

挨拶はコミュニケーションの基本です。言葉をまだ話せない赤ん坊がにっこり笑って「こんにちは」「バイバイ」のしぐさをするだけで、周囲はぱっと明るくなります。挨拶の基本は笑顔。明るい笑顔で「おはようございます」と元気に挨拶するだけで、患者様との距離も近くなります。

診療室で開口一番

「今日はどうなさいましたか」

と深刻そうな表情で尋ねるより

「こんにちは。暑いですね」

と声をかけた方が気持ちいいし、診療しやすくなります。待合室の音楽もクラシックより元気の出るポップスにすると、明るい気分になります。

挨拶することは、あたりまえだからこそ心をこめて一生懸命やることが大切です。来院されたときには「おはようございます」「こんにちは」、お帰りになるときは「お疲れさまでした」「お気をつけて」。なにげない一言にも「来院していただきありがとうございます」「お困りでしたら、またお越しください」との気持ちをこめられるかどうかでコミュニケーションの質は変わります。

歯科医療は崇高なるサービス業です。技術だけでなくホスピタリティも評価の対象になります。永く付き合いたいと思うかどうかは第一印象にあります。レストランで「いらっしゃいませ」と迎えてもらえなかったら、いくら食事がおいしくても良い印象を持ちようがないでしょう。自由診療が一般的な海外の歯科医院では、患者様が着いたらドアを開けて案内し、帰りは車まで見送る歯科医院も多いそうです。

元気のない場所で暮らしたいと思う人はいません。「おはようございます」「こんにちは」と明るく挨拶すると、まず自分自身が元気になります。

知らない人と話すのが苦手なスタッフもいます。でも「こんにちは」と挨拶すれば患者様も「こんにちは」と返しますから、世間話をするきっかけになるはずです。まずは素直な気持ちで笑顔で挨拶する。そこから扉は開かれます。

掃除・整理整頓は気づきを深める

私たちのグループではスタッフ全員で院内、院外の清掃、整理整頓を行います。また私は自分で院長室や部屋のトイレを掃除しています。そのエリアに関しては、自分以上に汚れた箇所を知る人はいないだろうとの自信があります。

掃除は「気づく機会」でもあります。すなわち、掃除することによって、気づく感覚が強化されます。私も永く院長室のトイレの清掃を自分で行っていますが、何処が汚れていて、どのように掃除するかということについては誰よりも分かっている自信があります。これも気づきの感覚が強化されたことだと思います。患者様の目線に立って整理整頓することによって、本当に訪れたい歯科医院になるのです。ゴミが落ちていても拾わない人は、患者様のちょっとした変化にも気づけないように見えます。

待合室に置いてある観葉植物は、病院の細やかさの目安になります。元気がなかったり、葉っぱが埃をかぶっていたりするなんて問題外。気づく力の強いスタッフがいれば、必ず水をやったり、埃を拭き取ったり、枯れた葉を取り除いたりしているものです。

雑なことを雑にやるな

私たちは治療の前に、患者様に対し病状や治療内容の説明を徹底し、歯科に関わる情報を積極的にお伝えしています。十分理解し、納得していただくことにより、お互いの信頼関係が生まれるからです。

詳しく説明してもしなくても治療は同じです。乱暴な話ですが、忙しい現場からすれば収入に直結しないことに時間をかけるなんてと考える人がいても不思議ではありません。

ここで肝心なのは、あたりまえのレベルをどこに置くかです。挨拶同様、給料に関係ないからとか面倒だからとおろそかにしていれば、仕事の質は低下してしまいます。

ですから私は

「雑なことを雑にやるな」

「仕事は正直、丁寧、真面目に」

と口を酸っぱくして言います。

例えばレントゲンを一枚撮るにしても、丁寧な人と雑な人とでは差がつきます。スイッチを押すだけに見えるかもしれませんが、撮影結果には患者様にはわからないような違いが生じるものです。ＡＢＣＤＥと五段階あるとして、Ｅは問題外ですが、それ以外も私が納得できないものだったら撮り直しを命じます。Ａのクオリティでなければと考えるのか、ＢでもＤでもいいやという態度なのかは患者様への誠実さ、責任と比例します。雑な仕事をする現場にいる先生やスタッフは、残念ながら成長もしないし成功からも遠のいてしまうと思います。

手抜きは、始めたらきりがありません。自分の基準は下げようと思えばどこまでも下げられるものです。ごまかし、ごまかし生きていれば、仕事だけでなく人生でも必ず苦い思いをするでしょう。

一生付き合える職場をつくる

宝歯会の歯科医師の離職率は年々下がってきています。ここ数年、退職された方はご実家に戻られる方など数人だけでした。「明るく元気で大きな声で挨拶をする」「日本一、きれいな病院を目指す」「治療は詳しい説明の後に行う」、この三つのあたりまえを徹底することによる最大のごほうびだと、誇りに思っています。

実は、今は歯科医師も歯科衛生士も集まらない時代です。業界の人手不足はそれほど深刻なのです。

そもそも、国家試験の合格率が低下しているし、歯科医師、歯科衛生士の絶対数もずっと少なくなっています。今後も患者様にベストな治療を提供し、スタッフに働きがいを感じながら勤務していただくためには、人材の確保、育成、そして、永くお付き合いしていくことが必ず必要なのです。

そう考えると、一流企業のように一生安心して働くことができることを目標にしている我々のようなグループの必要性を痛感しています。

皆さんの周囲を見渡すと、歯科に限らず内科でも整形外科でも高齢の医師が多くないでしょうか。このままでいくと何十年かすると歯科医師不足は深刻になると予想できます。少子化、高齢化、財政難に見舞われている日本では、今すぐにでも考えを変え、歯科医師の人材の育成を急がなければいけないと思います。

女性が働き続けられる歯科医院に

ただ期待もあります。厳しい歯科医師国家試験合格者の半分近くを女性が占めるようになったのです。歯科医師の世界では、結婚や妊娠を機に辞める人も少なくありません。そこで我々は産休・育休制度を充実させ、復職できるような体制づくりを進めてきました。

その結果、産休・育休を取得しているスタッフが常に一五〜二〇人いるという状況です。そして、ほぼ百パーセントの方が復職しています。一般企業でも、これだけの割合で産休・育休制度が利用されているところはなかなかないと思います。

グループの規模が大きくなると、考え方を柔軟にするだけでは統制がとれません。そこでどうすれば理念を引き継げるのかについて常々考えてきました。

歯科の世界には理事会はあっても、いわゆる取締役会はありません。そこで運営会議に取締役会としての機能を持たせることを考えています。それがうまく回り始めたらその下に歯科医師の会とスタッフの会を置き、理事会が意見を吸い上げて私は最終判断をするだけ。そういう組織に出来ればと考えています。そのためにも、まずスタッフとなるべく多く話す機会をつくっていきます。今後、理事会には多くの女性歯科医師も参加して欲しいと思っています。ただ分院長のうち女性は、まだ二人しかいません。十分の一しかいない女性院長の割合を上げていくことは今後の課題でもあります。

万難を排して行く

高い技術力を持つ人は大勢います。セミナーに行けば、最新技術を学ぶこともできます。しかし技術力だけで同胞感を強くすることはできません。やはりシンプルにいい人だなと思えるような魅力がなければ永いお付き合いにはならないし、強い絆が生まれるからこそ師匠だと思えるわけです。

例えば先に述べた糸瀬正通先生からはリーダーシップや他人を第一に考える利他の心を学びました。ほかに印象に残っているのはインプラントの名人、山道信之先生です。山道先生には「万難を排して行け」ということを教わりました。

あれは子どもがまだ大学生のころのことです。子どもの最後のスポーツ大会と私の大切な学会の発表が重なってしまったことがありました。私にとっては子どもの最後の大会に行くことも大切でしたが、学会の演者に決まっていたこともあり、出席せざる得ないと思い学会に参加すると決めていました。それでふと

「明日、子どもの最後の大会なんですよ」

と漏らしたところ

「今から何回試合を見たり、ごはんを一緒に食べたりできると思ってるんだ」

と先生に叱られました。

「子どもとの約束は万難を排して行くべきだよ」

と、とりわけ先生のその言葉が胸に刺さり、以来、子どもたちとの約束は「万難を排して行く」ことにしていますし、子どもたちの行事には最優先で参加するようにしています。

先生は歯科医師としても頂点を極められましたが、おそらくふり返ったとき、子どもとの関係や家族との時間を大切にしなければ幸せになれないと強く感じられたのでしょう。だから今も、いつも幸せそうです。

そのことがあってから、私は分院長、スタッフに「子どもの学校行事があるときは優先して休むようにしてください」と伝えています。

また夏休みのような長期休暇のときも、強制的に長い休みをとっていただくようにしています。

それが永く勤めてくれる理由にもなっているし、そこまでやれるのは会社だからです。

会社の仕組みは本来、みんなが幸せになるためにあるのだと最近強く思います。そういう意味でも会社という仕組みは、人間が考え出したある種の芸術作品です。

OB会でつなぐ絆

宝歯会にはOB会（医療法人宝歯会グループドクターOB会）があります。開業したり他の医院に移ったりした後もつながりは続いており、OBの中にはご子息やご友人を紹介してくれる方もいて広がりも生まれています。

OB会は八年前、現在会長を務める三輪大介先生が声をかけてくれて始まりました。私の大学の後輩で、二〇〇八年、山口県での「小野田スマイル歯科小児歯科医院」開院時の分院長として一緒に頑張ってくれた先生です。現在は、同じく私の後輩である奥様と共に、鹿児島で「姶良《あいら》ふれあい歯科医院」を開業し活躍されています。

上｜三輪大介先生（医療法人宝歯会グループドクターOB会会長）（左）と
下｜三輪大介著『おくりもの』（非売品、2008）

また三輪先生は私の声を書籍『たからもの』にまとめ出版してくださいました。その中に「流れが悪いとき、まずは、院訓に立ち戻る。声を出す、掃除をする、説明に力を入れる。そうすると不思議と流れが戻ってくるのだ」とのくだりがありますが、宝歯会の精神を受け継ぎ、今でも自院で毎日、院訓を唱和しているそうです。

ほかにもOBの中には我々の考え方を継承したり、さらにブラッシュアップして実践している方もいます。こうしてあちこちで我々が育ててきた種が実を結んでいるのだと考えると、感慨深いものがあります。

OB会は泊りがけで実施します。著名な先生を招いて講演していただいた後、先生を交えてホテルのレストランで一次会。二次会は宝歯会の事務所でメンバーと共に楽しく飲みます。飲んだ後は近くで借り切ったホテルのワンフロアに泊っていただきます。出席者はZOOM参加を含めて三〇人ほどでしょうか。

勤めているときには何もしてあげられなかったというお詫びの意味もこめて、費用は私持ちで開催しています。一年に一度でもこうして同じ志を持つ者同士が一緒に勉強し、おいしいものを食べながら、みんなで騒げたらそれで幸せです。OB会は宝歯会全体の同胞感にもつながっています。

以前は退職の申し出を受けると、前途を応援する余裕などなく、どうして辞めてしまうんだろうとがっかりする気持ちの方が大きかったものです。人手が足りず、余裕がなかったこともあります。でも今はグループも大きくなり「OB会には来いよ」「頑張れよ」と送り出せるようになりました。そういう点でも、会社組織にして企業として骨組みをしっかり整えることに意味があると最近つくづく感じています。このことに気づかせてくれた三輪先生には感謝しかありません。

メリット・デメリットで測れない人間関係を

誰かが巣立つということは、大切な仲間が一人いなくなるということです。人手が足りなくて弱ったなと昔はマイナスに捉えていました。でも最近は、人と人との関係が新しく一つ生まれると考えるべきだと思うようになりました。

というのも四〇歳前後で独立して七〇歳まで働くと考えれば、我々のところで働いていたときより開業してからの方がずっと付き合いが永くなるわけです。

年に一度でも会って飲めたらいいし、子どもが産まれたらお祝いを贈ったりもしたいのです。一緒に働いた時間は宝です。縁を切るのはたやすいですが、私はそれよりも縁を深く、永く育てていきたいと思っています。ですからどこかで昔のスタッフを見かけたら私から声をかけるようにしています。おかげさまで年賀状やお中元・お歳暮のやりとりも増えました。

本当に心の通った関係は、メリット・デメリットでは測れないものです。会いたいとか、一緒にめしを食いに行こうと思える人、つまり同胞感が強い人との出会いが、仕事も人生も豊かにします。そういう人は歯科医師という肩書がなくても人間として魅力的なはずです。

OB会にしても、休日の貴重な時間を利用してわざわざ足を運ぶわけで、そこには会いたいからとの気持ちを強く感じます。

私自身、そういう人たちの存在を肌で感じることにより、自分がやっていることにも自信が持てます。OB会に集まる歯科医師は、我々の元で学んだことを忠実に踏襲している人もいれば、アレンジして自己流に道を切り拓いている人もいてさまざまです。いずれにしても私が皆さんの前でしっかりビジョンを話し態度で示すことは、信じる道を進む力になると思っています。

利益より有益な「幸せ感」

宝歯会が大きくなるにつれ、OBや仕事を通じて知り合った人によるさまざまなネットワークが生まれました。

一つの業種を極めていく企業もありますが、規模が大きくなるにつれ通常は一つではなくなります。私たちも介護や保育に着手していますが、ネットワークを通じてチャンスは大きく膨らむはずです。

企業がグループ化していく目的の一つはもちろん利益を上げることです。しかし、私たち歯科医師にとってネットワークがもたらす利益はあくまで結果です。

と言うのも開業医は、基本的に一人で歯科医院を運営しています。一人の良さもありますが、相談相手もなく行き詰まったり、可能性が狭められる側面もあります。ですから、歯科医師にとってネットワークは精神的な支えという役割が大きいのです。

人間には、俺たち、私たちと感じられる場所が必要です。一緒に飲んだり、学んだり、何かに取り組んだり、そういう経験は一人で奮闘する歯科医師にとって悦びです。そしてそのときの幸せ感は、歯科医師として人間として生きていく上で何ものにも代えがたいものです。

恥ずかしながら昔の私には、スタッフとの関係も給与を払う側、払われる側としてしか見られないところがありました。しかしさまざまな先生のお話を伺う中で、同胞感の大切さに気づき、人と人との本当の結びつき、人生の最終的な幸せを考えるようになったのです。

第２章

患者様と永く、スタッフと永くお付き合いする

スタッフと共有した時間が最も大切な同胞感を生む

患者様を第一に考える

宝歯会が掲げるミッション「患者様と永く、スタッフと永く、地域の皆様と深く永くお付き合いする」の「患者様と永くお付き合いする」とは、「患者様を第一に考える」ということです。患者様をお客様に言い換えてみれば、一般企業の姿勢としてあたりまえなことだと分かるはずです。

時代が流れ、世の中の価値観が変化しても基本というものは変わりません。ずっと昔から朝は誰もがごく自然に「おはようございます」と挨拶するでしょう。同様にどんなときも変わらない普遍的な事柄が何であるかを認識し、大切にする。そこがポイントなのです。

この患者様第一という姿勢は、スタッフを大切にするという姿勢にも通じます。あたりまえのことは歯科医師だけが意識していても歯科衛生士だけでもダメです。スタッフ全員が実践して初めて、宝歯会の一員として働いているとの同胞感が生まれるのです。

またこのように患者様第一に働く彼らを見ていれば、運営者としても同胞であるスタッフがどれだけ大切なのか気づくはずです。

京セラは「全従業員の物心両面の幸福を追求すると同時に、人類、社会の進歩発展に貢献すること」を経営理念に掲げています。創業者、稲盛和夫氏の言葉です。最初はなぜ従業員が先にあるのだろうと首をかしげましたが、その後に人類、社会と続くことで納得しました。

経済的安定と共に働きがいを感じる人生の豊かさを求め、スタッフとその家族が幸せになって初めてお客様、そして社会の幸せに通じるというわけです。

私はこうした運営についての基本的な考え方を、最初に小宮一慶氏によるセミナーで学びました。それを機に小宮氏の推薦する稲盛和夫、松下幸之助、ピーター・ドラッカーの各氏の本をむさぼるように読み、それだけでは飽き足らず稲盛和夫氏の盛和塾に入塾し、松下幸之助氏については半年、ピーター・ドラッカー氏については一年コースの勉強会も受講しています。

通い続けていただける歯科医院に

開業したころの私は「患者様に最新最高の歯科医療を提供する」というミッションを掲げ、頑張っていました。一五年間、歯科の勉強に集中したので、それなりの成果は出せたと自負しています。

しかし、仕事を続けるうちに私は大切なことに気づきました。歯科医師の充実感を支えるのは自分のスキルもさることながら、ずっと通ってくださる患者様の、そして永く勤めていただいているスタッフの存在だということです。新規患者様が次々にいらっしゃるのもありがたいことですが、同じ方がずっとメンテナンスに通ってくださることでやりがいを積み重ねることができるのです。

「なぜこの患者様は私たちの歯科医院を選んでくださったのだろう?」「なぜずっと通ってくださるのだろう?」と考えたことはあるでしょうか。その理由をスタッフに理解してもらうのは院長である私の仕事です。

スタッフは私の診療を見ていれば、患者様と信頼関係を築こうとしているのを肌で感じてくれると自負しています。患者様を増やしたい一心で頑張った結果、「かじわら歯科小児歯科医院」は開業から比較的早い時期に多くの患者様に来院していただけるようになりました。その後、派手な広告宣伝をせずにここまでくることができたのも、患者様とのお付き合いを大切にしたからだと思います。技術や知識は常にアップデートしなければいけませんが、「患者様第一」「正直、丁寧、真面目、後ろめたくない」は時代を超え永遠に変わりません。

想いを伝えるコツ

私は患者様が帰るときエプロンを取り、荷物を手渡してドアを開け「またおいでください」と頭を下げます。

「先生、そんなことまでしなくちゃいけないんですか？」

と目を丸くする研修医には

「それができないなら歯医者には向いてないぞ。僕らのミッションは患者様と永くお付き合いすることなんだから」

と諭します。

「患者様だって頭を下げて帰るじゃないか。それは僕たちを信頼している証だよ」

と伝えたこともありました。

想いを伝えるにはどうすれば良いのか、こればかりはいくら言葉で説明しても分かりません。リーダーの背中を見せて感じてもらうのが一番です。

患者様の信頼に応えるために特別なことは何もありません。感謝の気持ちを「ありがとうございます」と態度で示す。困っている人を見たらいち早く手を差しのべる。そうした一人の人間としての心からの優しさは相手に伝わるものです。

患者様の顔や名前は覚えておかなければいけません。姿を見かけたら私は遠くからでも「タナカさ〜ん」と名前を呼びます。自分が逆の立場になったらと想像してください。嬉しいし親近感がわくでしょう。

頭を下げることを厭《いと》わずに

混み合っているときも永く通ってくださっている患者様には挨拶させていただき、その後に診察を始めます。今は週に二回しか診療していない私を指名してくださるのだから期待に応えたいと思うからです。

これに対し、新規患者様は若い先生になるべく診療してもらうようにしています。そこから新たな関係をつくることが永いお付き合いの始まりだからです。

ただ院内が混み合ってスタッフのキャパシティをオーバーしてしまう日もあります。若い歯科医師ほど一杯一杯になり、気が回らなくなってしまうため、そんなときは率先して私が矢面に立ちます。

「院長の梶原です。今日はお待たせして失礼いたしました」

と、お帰りになるときにはエプロンを外してお詫びし、ドアを開けてお見送りします。

「夕方前はすいていますから、ご都合がよろしければその時間においでください」

とひと言添えると、ほとんどの方は次回からそのころを見計らっていらっしゃいます。そのひと言に気が回るかどうかで次が決まります。

私は「院長」という名札をつけていますので、初めていらした方も「ああ、この人が院長なんだな」と認識するはずです。

謝ることは大切です。クレームを頂戴したときも

「申し訳ありませんでした」

と私がいち早く院長として現場で頭を下げるようにしています。お子様に関してのクレームで

あれば経験上なおさら早く対処すべきです。

理屈より現場で学ぶ

現在、一〇年以上勤めていただいているスタッフが一〇〇人近くになりました。エキスパートである彼らに診療を希望する患者様は少なくありません。中には「メンテナンスは〇〇さんに」と直指名される方もいます。

なぜ彼らは慕われ、求められるのでしょうか。勤続年数が永く経験も豊富だからでしょうか。決してそれだけではありません。自分はどうありたいのかという軸がしっかりしており、積極的な姿勢で仕事に取り組んでいるからです。「私には求めてくれる人がいる」というプライドがさらにその背中を後押ししています。

そんなスタッフを増やしていくために、一番効果的なのは現場で彼らが手本を見せることです。新人スタッフが先輩の姿を傍らで注意深く観察すれば、なぜ患者様から多く指名されているのかが自ずとわかってくるし、私も指名されるように頑張ろうと励まされるはずです。

会社の文化を伝えるには、トップが口うるさく伝えるより、現場のスタッフがお手本を見せていくのが一番です。そのためにもスタッフに文化を浸透させるよう工夫しなければいけません。何より優秀なスタッフが増えれば、トップが手取り足取り新人を指導する必要もなくなります。

離職率の減少——一生働き続けられる歯科医院に

この業界では離職率の高さが問題になっています。私が分院展開を始めたころをふり返っても、三年で辞めていくスタッフが四割近くを占めていました。とりわけ歯科医師の多くは転職経験者だと言われています。

これを覆し、宝歯会は歯科医師の離職率の減少に成功し、現在は以前の五分の一程度まで下がっています。法人化して大型化し、安定して働ける環境を整えたことも大きいでしょう。

そもそも多くの歯科医院では六〇歳以上まで働くということは難しいように思います。しかし宝歯会では基本的に六〇歳まで、希望があれば六五歳まで働けます。宝歯会の最高年齢者は六七歳の歯科医師です。まだまだ元気に頑張りたいと言っていただいています。二〇年以上にわたり誠実に働き続けている彼女を見ていると安心して永く働けるグループに成長している喜びを感じます。

人生一〇〇年時代と言われる今、六〇歳になってもまだまだ現役で働くことは可能だし、スキルを活かしてほしいと願っています。働き続けたい六〇代には「頼むよ」と期待を伝えるし、後を追いかける五〇代には「辞めるなよ」と声をかけます。それを見て若い世代も「まだまだ頑張ろう」と将来がイメージできるでしょう。

定着率を上げるひと言

では定着率をアップさせるにはどうすれば良いのでしょうか。それはスタッフ一人ひとりに関心を持つことに尽きます。いくら環境が整っていても、心の通わない職場で働き続けることは難しいものです。逆に私のことを気にかけてくれていると感じられれば、ここでみんなと頑張ろうと思えるはずです。

もちろん待遇改善は絶対に必要です。その上でスタイリッシュな医院を建て、最先端の機械を導入し、さらに快適なスタッフルームも用意したりすればスタッフは喜ぶでしょう。しかしお金で買えるもので勝負していたら、きりがありません。

それよりも名前で呼びかけることの方が大切です。人間はどんなにざわざわとしたパーティー会場であっても、自分の名前を呼ばれると反応すると言われます。名前で呼ぶことはスタッフとの距離を間違いなく縮めます。

「おはよう」の挨拶もそうです。「カジワラさん、おはよう」と名前で呼びかけることによって、自分に話しかけてくれているとの実感を持つはずです。

さらに「おはよう、髪切った？」「おはよう、ナオトくんの風邪は治った？」とその人自身や相手の大切な人に思いを馳せるのです。

「元気か？」と声をかけるだけでもいいし「お母さんはどうしてる？」「そういえば彼女とは仲良くしてるのか？」とか、ちょっとしたことで良いのです。スタッフのことが好きで大切だと思えばちょっとした変化に気づくはずです。

コミュニケーションは苦手だと感じる人も、案外、家族や親しい人には気を配っているのではないでしょうか。例えば出勤するとき妻が風邪をひいて具合が悪そうなら、私は出先から必ず連絡を入れます。「体調はどうだ？」と一分もかからない電話一本、メッセージ一つでつながりが感じられるでしょう。逆に連絡の一つもなければ妻は寂しい思いをするはずです。

プライバシーに踏み込んでほしくないと考える人も増え、セクハラだ、パワハラだと何かと気を遣う時代ですが、同じひと言でも嫌な気持ちになるのは信頼感がないからです。

信頼関係は、一緒に過ごした時間の長さ、密度、楽しい思い出によって高まります。私の経験をふり返っても、大学時代にラグビー部で共に汗を流した仲間とは、久しぶりであってもすぐ心を開くことができます。思い出ができれば関係が強くなるし、楽しさが多ければさらに思い出も大きくなります。だから私はスタッフとでかけるときには、食事する場所にも手を抜きません。折に触れ写真も撮れば思い出として残ります。

辞めていくスタッフも宝歯会で共に働いた同胞です。今では、これまで勤めてくれてありがとうと、花束を渡して感謝の気持ちで送り出すようになりました。

以前の私は「辞めた人が悪い」と他責的でした。院長である私のやり方についていけないからという退職理由が多かったのもそのためでしょう。現在は家庭の事情や個人の環境変化に伴う理由がほとんどになりました。

活躍の受け皿を広くする

一生働き続けようと意欲的な方も多い一方で、年齢を重ねると体力の衰えもあり、細かな長時間の作業がだんだん難しくなるのも事実です。

しかし、介護等の分野では、サービスを受けるご家族が人生経験豊富な人たちを歓迎する傾向も多いものです。

私は宝歯会を、優秀なスキルを持つ幅広い年代が活躍できる場所として成長させていきたいと考えています。受け皿も多様であれば、永く勤めるイメージも具体的になるでしょう。またそういう環境を整えることで、優秀なスタッフも集まります。

そもそも大企業に優秀な人が集まるのは、求められる人材が多いからです。組織を大きくしなければ、人材の新陳代謝もできません。ですから私は宝歯会をより大きな組織にしたいのです。

任せられる運営者に

歯科の世界には、二つの頑張りがあります。

一つは歯科医師、歯科衛生士、歯科助手、そして受付のスタッフとして技術や知識を磨くこと、もう一つは人として社会人として、あるいは職場を率いるリーダーとして成長することです。

技術や知識に関しては、セミナーもたくさん開催しています。皆さんそれぞれに日々研鑽を積んでいるでしょう。しかしリーダー、分院長としての資質を獲得するには、いくらセミナーを受けても難しいかもしれません。

ではどうしたらいいのでしょうか。私はリーダーとしての成長には、意思決定させる経験が絶対不可欠だと考えています。

小宮一慶氏が「規律の中の自由」とおっしゃっているように、会社の運営に必要なのは管理ではなく規律です。こうしろ、ああしろと徹底的に管理すれば運営者は安心かもしれませんが、スタッフは顔色をうかがい、やがて言われたことしかやらなくなってしまうでしょう。一方、規律を守った上で現場に判断を任せれば、経験によって各々の能力を飛躍的に伸ばすことができます。

もちろん失敗をすることもあります。それでも任せ続けていると、いろいろなことに自ら気づくようになり、結果的に信頼のおけるスタッフを獲得することができるのです。ひいてはそれが企業の成長にもつながります。

失敗したら会社の損失になるじゃないかと訝《いぶか》る人もいるかもしれません。でも私は致命的な損失になるような判断を任せたりはしません。ですから仮に失敗しても許せるし、何より成長しようとする彼らの存在こそが我々にとって大切です。

運営者の力だけで企業は発展しません。これから大企業のようなグループを目指そうとするなら、意志決定能力の高いスタッフが沢山必要です。一人ひとりの自己実現が、やがてグループの発展にもつながると信じています。

怒鳴っても何も残らない

なかなか難しいのですが、いったん任せたら、どんなに腹のたつような報告を受けても怒らないと決めています。だからというわけではないのですが、どんな場合でも報告してほしいし、逆に隠そうとする人には隠すという行為そのものについて厳しく注意します。

実は私にとって我慢ならない場面はしばしばあります。ただ怒った後のことは必ず考えるようにしています。

ある朝のことです。機械を壊してしまったとの連絡がありました。何十万円かの経済的損失です。悪気はなかったとは言え「何やってんだ!」と朝っぱらから怒鳴りたくもなりました。でも怒った後、絶対いやな気持ちになることは目に見えています。機械は買い替えれば済むことだし、よく考えれば報告してきた彼も失敗したことですでにダメージを受けているわけです。

「おまえ、なんでこんなことしたんだ!」

と怒鳴り散らすのと

「今度から気をつけるんだぞ」

「頑張って取り返してくれ」

と声をかけるのとどちらが後悔しないかは明白です。だから頭にきてもぐっとこらえるようにしています。

これは夫婦や家族でも同じではないでしょうか。感情を爆発させた後に後悔するのは自分だし、そこには前向きな関係は何も生まれません。

私は小宮一慶、稲盛和夫、大前研一の各氏からたくさんのことを学んできました。彼らはとにかく周囲の人に優しく接します。この人は大切だと感じたら、とことん大切に扱ってくれる姿には感銘を受けます。

結果的に周囲に人、しかも志の高い人が集まるようになります。三人ほどの器の大きさはありませんが、少しでも近づけるよう私も背中を追いかけています。

経営者としての正しさ――人間としての正しさ

スタッフは私たちが考える以上にトップの言うことに耳を傾け、何気なく言ったひと言もよく覚えています。

それを考えると宝歯会が当初からは考えられないような規模になった今、正しいことを言わなければならないし、優しい言葉もかけなければいけないとつくづく思います。

「今度、飲みに行こう」「飯でも食おうや」は親近感を示すのに便利なせりふですが、これも安易に言わないように気をつけています。いつ連れて行ってくれるんだろう、あれはうそだったのかなと信頼を失うかもしれません。

一つの言葉がスタッフとの間に亀裂を生じさせることもあります。

ある日、ちょっとした事件があり、私は問題のある先生の方を擁護するような発言をしました。組織運営する立場から仕方なかったのですが、その対応に納得できなかったのでしょう。一人の歯科衛生士が去っていきました。

今思えば双方の立場に思いを馳せ、きちんと説明すべきでした。

代表にとって一番避けなければいけないこと、それは会社を潰してしまうことです。だからと言って人間として間違ったことをしてもいいというわけではありません。

稲盛和夫氏は、経営者として実行することはまず人間として正しいことであるべきだとおっしゃっています。経営者である前に正しい生き方のできる人間であれという稲盛氏の言葉を私は肝に命じています。

リーダーの育成と「同胞感」

宝歯会では将来の分院長を育てる「理事長塾」を実施しています。理念を理解するリーダーを育てることは、社会性の高い持続性のあるグループを目指す上で欠かせません。

理事長塾にはおよそ一〇名が参加し、半年かけて課題に取り組みます。一方的な講義ではなく、全員が順番に発言する実践的なスタイルです。一人ひとりの発表に対し私が思ったことを話すうちに、大切にしている理念を理解してくれるようになります。

課題は大きく分けて三つあります。

・課題図書を読み感想を発表する
・日本経済新聞を読んで一番印象に残った記事を発表する
・この一か月で大切な人に対して行って一番喜ばれたことを紹介する

最近取り上げた課題図書は、ファーストリテイリング代表取締役会長兼社長の柳井正氏の『経営者になるためのノート』（PHP研究所）です。松下幸之助氏やピーター・ドラッカー氏にも触れており、経営者になるためのエッセンスが凝縮されたこの本を六回に分けて読み、学んだことを発表してもらいます。日本経済新聞は世の中の流れを知るために最適ですが、発表する際には感想にとどまらず記事を深掘りしてもらいます。

三つ目は「大切な人を知り、大切にする」ことにつながり、リーダーの資質として欠かせません。何かをしてもらってあたりまえだと驕《おご》ることなく、惜しみなく愛情を注げる人であってほしいのです。プログラムは午後一時から六時の五時間。その後、みんなでごはんを食べたり、飲んだりするまでが一連の流れです。どちらかといえば飲み会の方が盛り上がります。

「一緒に行こう」と、出張する際には同行してもらうこともあります。大きな学会には三〇～四〇代の次期院長候補一〇人くらいと一緒に行くこともあります。その際

「〇〇が勉強になりました」

といった優等生的な発言は期待していません。むしろ

「上海ガニうまかったですね。また食べに行きましょう」

という代え難い共通体験が生まれる機会だと考えています。ですから出張に行く際には、私も

普段なかなか訪れないような、とっておきの飲食店を探します。同じ景色を見て、うまい酒を飲み、おいしいものを食べて語り合ったという思い出が、お互いの絆を深めるのです。

こうしたスタッフとの絆を、私は「同胞感」と呼んでいます。同胞とはつまり同じゴールを目指す仲間のこと。患者様を大切にする仲間の存在は、自分だけが宝歯会の未来を思って孤軍奮闘しているわけではないのだと私の心も強くしてくれます。

私自身、みんなと話をすることは学びの連続です。この人はこんなことを考えていたのかと気づかされる経験も少なくありません。「幼いころ両親が離婚して寂しい思いをしました」といったプライベートな心情を吐露する人もいます。彼らのバックグラウンドが分かることで、私にとってスタッフはますますかけがえのない家族のような存在になっていきます。それによって近くにいるだけで力がみなぎってくるのです。

事業に直結するかしないか目先のことで右往左往するよりも、こうして同胞感が強くなる時間を過ごすことの方が、患者様と、そしてスタッフと永く付き合うというミッションにもかなっています。

秘書に仕事を任せてミッション実現へ

トップは自分がやらなくても良いことを増やし、その時間でさまざまな将来に向けての仕事をするべきです。そうでなければ細かな仕事に忙殺され、企業の発展も停滞してしまいます。そのためには信頼できるスタッフが必要です。

現在、私には二人の専属秘書に加えて、グループ会社の幹部を兼ねた男性スタッフが一名います。以前は取引先にお祝いの電話をすることやプレゼントを用意することまで、なんでも自分でやらなければ気が済みませんでした。しかし彼らは私よりもずっと気が利くし手際よく仕事を進めます。彼らのおかげで運営者として将来のことを考えたり、スタッフに想いを馳せたりする時間を十分とれるようになりました。

普段は出勤後、三〇分くらい打ち合わせをし、今日やってもらいたいことを伝えます。そのために私は朝早く起きて、自分がやるべきことと秘書の方に任せることを分けて書いてから出勤するようにしています。

例えば

「今日おみやげに持っていくので梨を買っておいて」

と言えば、秘書は何も言わなくても二十世紀梨のようなブランド梨をちょうどいい数で用意してくれます。

これが他のスタッフだと、分かっているだろうと思っていても伝わっていないことがあります。それで頭にきてしまうこともあったのですが、そもそも「何も言わなくても分かってるでしょ」という感覚は失敗を招きます。

ですから初めは丁寧に

「二十世紀梨を三個買ってきて」

「お客様に差し上げるので梨を買っておいて」

とこちらの希望を明確に伝えるべきです。そうすると私の秘書は次からは二十世紀梨を必ず三つ用意してくれます。

秘書の間ではお互いに相談していると思いますが、私から彼らの役割分担を決めることはしていません。Aさんはこれ、Bさんならこっちが得意だろうと決めつけると同じ仕事の繰り返しになってかわいそうです。それに外野からは不得手に見えていることでも、続けているうちに上達することもあるかもしれません。みんなご両親から大切に育てられてしっかり教育を受けているのも分かります。適材適所を見抜くなんて器用なことはできません。彼ら自身に自己実現しようという高い志があるから、きちんと仕事ができているのだと思います。みんなめったに失敗もしませんが、失敗しても私の責任だぐらいにしておかなければと思っています。

ただ一つ、守秘義務については「秘密がもれたときは即時に解雇やからね」と厳しく言いつけてあります。秘密というのは本来、契約を交わしたから守るのではなく、口外しないのは人間として当然のことです。あたりまえのことをしっかりやってくれているのです。

大切な人の大切な人をもっと大切に

「大切な人の大切な人をもっと大切にする」は、私のミッションの一つです。その人の人生の背後にいる家族や心を寄せる人にまで思いをかける人間でありたいのです。

インフルエンザで一週間休んでいた独身の歯科医師が復帰したなら、「代診してくれた先生、それに心配しているお父さん、お母さんにも連絡しておけよ」と声をかけます。息子さんのラグビーの試合があると耳にすれば、「どうだった?」と聞きます。そのスタッフにとって大切な人は息子さんであり、息子さんがラグビーをやっていることだと、日ごろの会話から感じているからです。

コロナ禍では感染した一人暮らしのスタッフに食べものを届けました。秘書や他のスタッフに頼むわけにもいかないので私自身でスーパーマーケットに行ったのですが、買物して届けるまでにかかる時間はほんの二〇～三〇分です。少し時間をつくって実際に行動する方が医院にいて心配しているだけよりずっと前向きだと思います。

大切な人の大切な人を思う気持ちは、患者様に対しても同じです。定期的に通っていらっしゃる方から、お孫さんがスポーツで活躍して大学にスカウトされたが進学に迷っているとの話を伺いました。それで「あの大学の話はどうなりましたか？」と尋ねたところ

「先生、なんでそんなこと知ってるの？」

「この前言ってたじゃないですか」

とそんなやりとりもありました。

手前味噌になるのですが、院内で患者様のことを一番記憶しているのは私だと思っていますし、そうでありたいといつも思っています。

率先して高齢者の手を引いたり、荷物を持って差し上げたりするし、患者様とトラブルを起こしたこともありません。特別に意識しているわけではなく習慣です。

私は患者様の名前を覚えることが超得意です。それで時々苗字でなく名前で呼んだりするとぐっと距離が縮まります。定期的にいらっしゃるタナカシズコさんという高齢の方に、いつもなら「タナカさん、また来月」と言うところ、帰りに「シズちゃん、バイバイ」とおどけたら笑ってい

らっしゃいました。

定期検診で訪れる方のほとんどは、すぐに治療を要しません。それなら歯のことより近況やお孫さんのことを話題にして笑顔で帰っていただくのが自然です。

大事なのは記憶するかどうかではなく、記憶した相手のプロフィールをコミュニケーションにどのように活かすかなのだと思います。

働く上で運営者が重視すべきは一緒に働く人の喜びです。小宮一慶氏はそれを「いい仕事」と表現しています。患者様が喜び、スタッフも幸せそうにしていることが一番大切なのです。

また稲盛和夫氏はスピーチのとき、いつも「私」ではなく「我々は」を使います。意識的にだと思うのですが、そう言われると稲盛氏の下に集う盛和塾の一員なんだとの同胞感を感じます。宝歯会でも、今後はこうした我々感の下で組織力を高めていかなければいけません。

院長室の壁に並ぶスタッフの写真

院長室の壁には歯科医師、歯科衛生士、各担当を含む五〇〇人以上のスタッフの写真が貼ってあります。それぞれの写真の下には氏名と誕生日、携帯電話番号も記しています。

撮影は入社の際、研修部のスタッフが行ってくれます。二〇年前に撮影したきりという写真もありますが、それだけ永い付き合いをしているわけなので頻繁に更新はしていません。

それも歴史です。みんなのおかげで今の宝歯会がある。壁の写真を見るたびスタッフに対する感謝の気持ちでいっぱいになります。

スタッフとの絆を強いものにするためには、スタッフのことを知るべきです。関心を持ち、知ろうとすればするほど相手をもっと好きになり、大切にしなければいけないと思うようになるのです。

分院ミーティングでは必ずスタッフと面談をします。仮に二〇年勤めているなら二四〇回くらいにもなります。その間、見聞きしたことを書き込み、年月の分だけどんどん厚くなるフォルダは、スタッフとの絆の深さを物語っています。私はスタッフの名前は漢字で書けるようにしておきます。これも相手を尊重する基本です。

壁の写真全てを毎日丁寧に見ているわけではありませんが、その日に訪問する予定の分院やミーティングの関係者は必ずチェックします。気がかりなことがあれば早めに出勤して、写真を見ながら履歴書や面談のときのノートを見直します。あの分院はどうもうまくいかないなと感じるときは、大切なスタッフのことをよく知らなかったという場合がほとんどです。

しかし、念には念を入れているつもりでも失敗はあります。

ミーティングではいつもひととおり話した後、スタッフに発言してもらいます。その日も分院ミーティングで「どう思う?」と意見を尋ねようとしたのですが、女性スタッフの名前をうっかり忘れしてしまったのです。三〜四か月前に入社した方でしたが
「先生は私の名前を憶えていらっしゃらないんですね」

と泣かれてしまいました。私が全員の名前を覚えていることが浸透しているだけにショックだったのでしょう。申し訳ないと謝りました。

そういうこともあって、ミーティングの前には必ず壁の写真と名前を確認してから参加してい

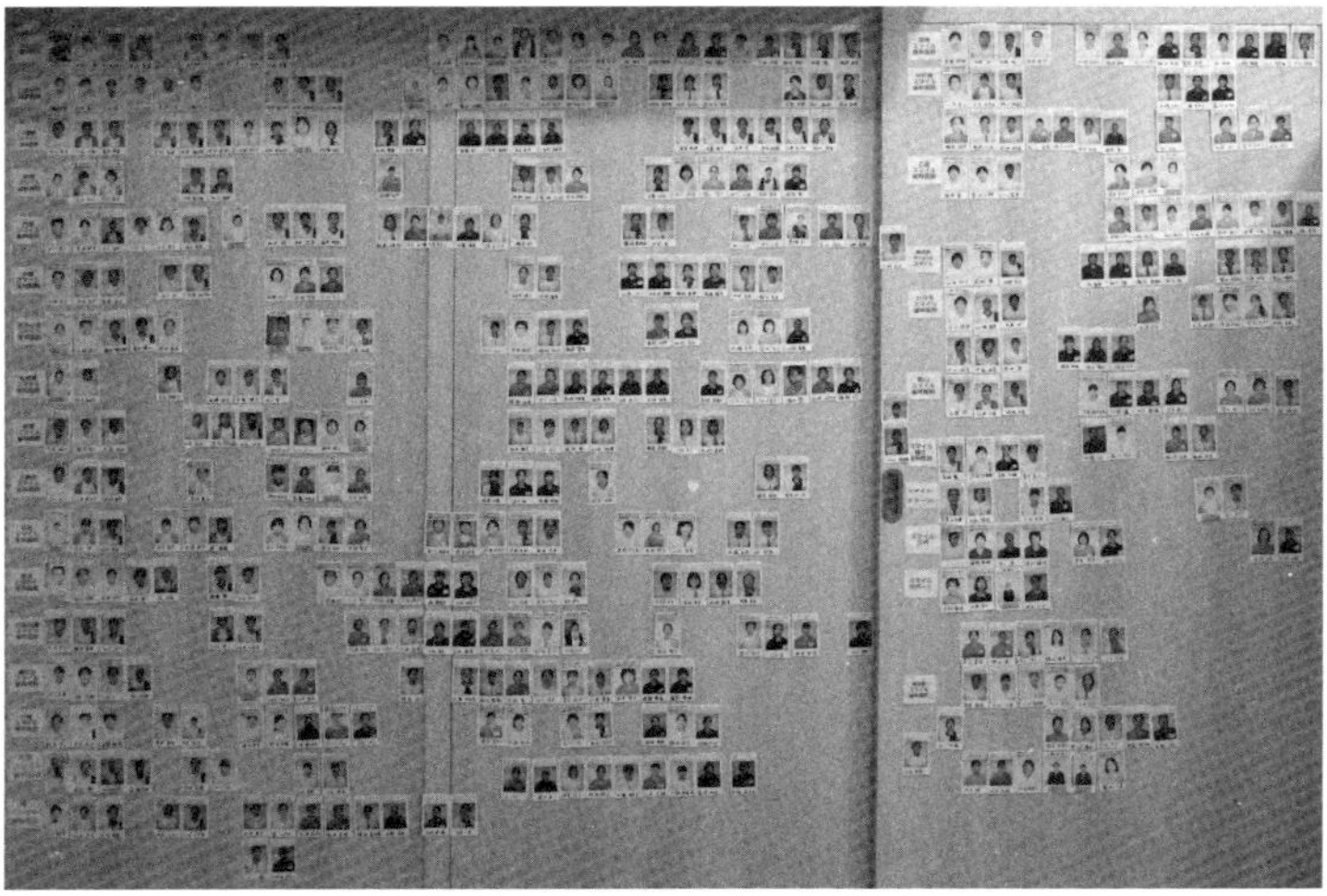

院長室の壁に貼られた540人のスタッフの写真

ます。

想いをつなぐ梶原式三つのノート

大勢のスタッフへの対応や、やるべきことを忘れないようにするため三種類の手帳を使い分け、毎日更新しています。

大きく分けると仕事用が二冊、家族や友人などのプライベート用が一冊です。

仕事用の一冊は必要な指示などを書き入れるごくあたりまえの使い方です。いわゆるＴＯＤＯノートとして実践している方も多いでしょう。もう一冊のシステム手帳にはスタッフの誕生日や面談の予定を書き入れ、チェックして「誕生日おめでとう」のメールをするようにしています。また永く勤めているスタッフは赤いペンで書き分け、折に触れ「最近どうだ」「元気でやってるか」などと声をかけています。

スタッフに関心を示すのも運営者の大切な仕事です。分院ミーティングや面談のとき「今度結婚するんです」と誰かがふともらせば忘れずにメモします。そしてそれを秘書が改めて付箋紙で整理してくれるのです。

私が全てを把握しているわけではなく

「先生、明日いらっしゃるお客様のおみやげは何を用意しましょうか」

「奥様がおめでたのようです。何かお祝いの言葉をかけますか」

と秘書の細やかなフォローもあります。

プライベートな手帳には「妻に電話をする」や「母親にメールをする」とか「孫におみやげを買って帰る」といった家族に関する細々としたことを書き留めています。かつては仕事を優先するあまり子どものことを後回しにした時期もありました。そこで子どもの一人ひとりの写真も手帳に貼って常に心に留めるようにしています。アナログなやり方ですが、優先順位を確認し大事なことを見落とさないためにも、こうして自分の手を動かして「自分事」とすることはとても有意義です。

私は業績をはじめとする数字もアナログな方法で確認します。秘書がExcelやWordでデータをまとめてパソコンに送ってくれるのですが、それを一つひとつ改めて紙の上に書き出しています。そうすることで「ここで数字が落ちているのはなぜだろう？」「この動きは何があったんだろう？」といった気づきも生まれます。デジタルでは何となく分かった気になってしまい無理です。

このような方法にたどり着いたのは、ＧＭＯインターネットグループ代表の熊谷正寿氏の『一冊の手帳で夢は必ずかなう――なりたい自分になるシンプルな方法』（かんき出版）を読んだ経験からです。手帳はスケジュールを管理するだけではなく、人生や仕事をマネジメントするツールにもなるのだと教えてくれた本です。二〇年以上前から熊谷氏の教え通りに、熊谷氏の手帳を使い続け、大切なことを実践しています。

朝時間が未来をつくる

私は夜一一時過ぎに就寝し、朝は四時前に起床する生活を三〇年以上続けています。大学時代にガソリンスタンドで夜通しアルバイトしていたことで、身体に染みついているのでしょうか。短い睡眠時間も苦になりません。

起きるとまず五〇通程度のメールに目を通します。あわせて昨日の来院者数といった運営に関する数字、スタッフの状況をチェックし、手帳に記録します。欠勤者・早退者について心配な要素があれば、適宜、スタッフや秘書と連携するようにします。

次に一週間、一か月、三か月のスケジュールを確認します。またスタッフの誕生日や家族のＬＩＮＥなども確めて、その日の予定をたてます。手帳に書き込む際、秘書に任せるものと自分でする必要があるものをはっきりさせておきます。

スタッフに間違いなく実行してもらうのも私の仕事です。誰に何を割り振るのかを考えていくと、すぐに手帳もいっぱいになります。

それらが済んだら束の間、自分の時間です。日経新聞に目を通し重要な記事をまとめたり、読書をしたりします。最近では久々に『論語』を読もうと自分に課題を課しました。

ここまでで約二時間。六時からランニングして、七時に風呂に入り朝ごはんを食べてから出勤します。

ランニングは五キロです。企業でコーチをしている高校の後輩に頼み、週に一回、一緒に一時間半のトレーニングとランニングを続けたところタイムもどんどん良くなっており、まだまだ記録を狙えるランナーでありたいと思っています。

ただし毎日走るわけではなく散歩する日もあります。そのときは人事に関することや今後の展開などを紙に書きぶつぶつ読みながら歩きます。マンションから同じ景色ばかり見ていたときに停滞していた思考が解き放たれるのを実感します。

こうして自分に念押ししておくべきことは、絶対、朝一番にやるようにしています。以前はみんなより一早く出社して「頑張ろう」と気合いを入れていたのですが、今は出勤前に全て済ませるようになりました。そして出勤したら壁に貼られたスタッフの写真を確認し、「大切な人」が笑顔で働けるよう頑張ろうと思うわけです。

ネットのクチコミをあまり気にしない理由

時代に即した変化を知ることも大切ですが、重要なのはむしろ変えてはいけないことの中にあります。それなら、もう一度誰かに会ったら「こんにちは」と笑顔で挨拶するような長い間変わらない大切なことに目を向けるべきでしょう。

企業としては、デジタル技術を駆使したＤＸによる収益化などいろいろ検討すべき項目も多いのですが、新しい物事に翻弄されないようにしなければいけません。特に今は流行のスピードが速いので、ふり回されないように意識しないと大切なものを見失ってしまいがちです。

私はインターネット上のクチコミはあまり読みません。なぜなら見るべきは目の前の患者様だからです。患者様が永く通われ、満足してお帰りになっている限りは大丈夫です。むしろクチコミにふり回されることで足場を見失うこともあるように思います。そうでなければ、お客様第一でなくグーグル第一になってしまいます。

もちろん患者様からいただく声は真摯に受け止めるべきだし、反省すべき点も多々あるでしょう。秘書から報告を受けことにはしっかり反省し、その後に活かすようにしています。

理想を形にするための手段としての利益

ここまで患者様第一、スタッフを大切にと繰り返してきた私ですが、開業当時はそこまで考えが至りませんでした。莫大な借金も抱えていたし結婚したばかりだったので、早く黒字になりたい一心で売り上げばかり気にしていました。

変化したのは、一定数の患者様においでいただくようになって運営も軌道に乗り、生活が安定してからです。そこで初めて「自己実現」という発想が生まれ、一流の歯科医師になろうと懸命に勉強を始めました。ところが今度は自分のことばかりになって、スタッフがどんどん辞めていくことに。恥ずかしながらそこでようやくスタッフを大切にしなければと気づいたわけです。

次にだんだん組織が大きくなってくると、社会に貢献したいとの気持ちが起こってきます。それを形にしたのが「一般財団法人　梶原浩喜財団」です。

私の場合、一年ほどで運営が軌道に乗りましたが、患者様と永くお付き合いするために歯科医師としての見識を上げる必要が生じてきました。そこで努力によりどんどんスキルもアップしましたし、人前で発表したり取材も受けるようになりました。こうして増えたありがたい出会いをお手本にしながら、だんだん軌道修正していった感じです。その域に達して初めて他者の幸せを第一に考えられるようになるのかもしれません。

最初からスタッフの幸せを考えて開業する人は少ないと思います。食うや食わずであれば、患者様第一とかスタッフ第一なんて言っていられません。ですからある程度、収益を上げなければ理想的な運営は実現できません。

小宮一慶氏は、営業利益が二〇%以上出なければ良い会社にならないとおっしゃっています。そのまま歯科医院に反映できるかどうかは別にして、やはりその程度の利益率は目標にすべきでしょう。ただしお金さえ儲かればいいというリーダーのままでいれば、みんな離れていくのは間違いありません。やはり正直、丁寧、真面目に、うしろめたくないというあたりまえのことを守り、患者様を第一に努力を積み重ねていく人の下でみんな働きたいと思うし、そういう歯科医院であれば患者様も永く通ってくださると思います。

第3章

医療技術のレベルを高めると共に運営戦略を立てる

患者様・スタッフ・家族が幸せになるピラミッドづくり

歯科医療は勉強するほど面白い

歯科医療は勉強するほど面白くなる仕事です。先に触れたとおり、私が歯科医師を目指すきっかけは裕福になるためでした。それもあり最初はとにかく患者様の人数を増やし、業績をあげることばかり考えていました。親戚の保証人になっていた父が遺した莫大な借金の返済もあり、がむしゃらに働いたものです。

しかし業績が安定してくると歯科医師としてもっともっとレベルを高めたいとの思いが頭をもたげてきました。学会やセミナーに参加するようになったのもそのころからです。尊敬する先生方の歯科医院にお邪魔して見学するなど、取り憑かれるように勉強するうち「歯科医師として一流になりたい」という思いは、「患者様を増やしたい」という思いよりはるかに大きくなっていきました。

もとより私は口の中を診たり、歯科医療のことを考えたりするのが大好きです。私と価値観を同じくする歯科医師もみんな、趣味は歯科医療だと言う人ばかりです。理想的な口腔について考えたり、勉強して最良の治療をすることが大好きなのです。

私の場合、患者様の要求にどこまで応えられるのか、その基準を高める大切さに気づいてからは仕事が楽しくなり、「歯医者っていいな」と心から思えるようになりました。結局、患者様が満足する治療をすれば自然に歯科医院も成功し、結果として利益がもたらされ、さらには私もスタッフも幸せになれると分かったのです。がつがつと利益を追い求め、経済的な効果だけ考えていては誰一人幸せにはなれません。

歯科医師として満足する基準を上げていけば患者様の満足度も上がるし、必ず医院は繁栄します。逆に期待に応えられなければ二度と来てもらえず評判も下がり、優秀なスタッフも集まらなくなるでしょう。

尊敬できる先生方との出会い

患者様の要求にまあまあの線で応えることはできても、一〇〇%満足していただくのはなかなか大変です。しかしみんなに尊敬されるような先生方は一〇〇%応えることができます。私の尊敬する糸瀬正通先生、山道信之先生、故・下川公一先生も、こうした基準を高く設定している方たちです。驚くほど深い知識と知見を持ち、かつ謙虚でいらっしゃいます。

ある勉強会で下川先生が「これは〇〇という雑誌の△月号に載っているだろう」とおっしゃったことがあり驚いたことがあります。常に勉強を続け、しかも確実にご自身の知識にしておられることを実感しました。

私もこうした先生方と知り合ってからは年に二～三度、最先端の技術を学ぶため渡米するようになりました。歯周病学の権威ホム・レイ・ワン教授もいらっしゃる名門ミシガン大学では、模型ではなく亡くなった方の顎を使って実習も行いました。献体の文化が根づいている国ならではの経験でした。

日進月歩の技術と共に、勉強すればするほど面白くなるのが歯科医師の仕事です。歯周病の治療も現在は切除から再生医療にシフトしています。歯を抜くと歯を支えていた組織が失われてしまいますが、最近は人工の骨等を入れます。そうするとインプラントにもブリッジにも義歯にも対応できる支持組織が保存され患者様の選択肢が拡がります。

欠けた歯や虫歯に対するポピュラーな治療法にコンポジットレジン充填があります。接着剤を使ってダイレクトに樹脂を詰めるわけですが、器具や材料も進歩が著しく、昔に比べて強度も審美性も驚くほど満足のいくものができます。

コンポジットレジン充填を行う際、色や透明度を考えてA1、A2、A3等を選択します。しかし、名人と呼ばれるような歯科医師になると、A2とA3を1対3で細かく配合して色や透明度を選択します。そして、それを重ねていき、色調をしっかり合わせていく。そこを突き詰めていけるのが歯科医師ならではの醍醐味なのです。

一人ひとりを思いやる歯科診療を

私が診療していて気づいたのは、患者様の数だけ治療への対応があるということでした。口腔内が一人ひとり違うことは理解しているつもりでしたが、性格も違えば、日によって体調も気分も異なります。そこまで考慮して診察するのが大切なのです。最新治療だからと説明もなく一方的に押しつけるようなことがあってはうまくいきません。

内科では「熱があります」と言われれば、ほとんどの場合診察して適切な解熱剤の処方箋を書くまでが仕事です。これに対し歯科では「前歯の色を隣の歯に合わせてください」「歯が無くなったところに隣の歯を削らずに歯を作ってください」等、患者様側から能動的なオーダーをいただくことがあります。こうした一人ひとりの声に耳を傾け、口腔内の状態を確認しながらその人に合った処置を選択しなければなりません。

もう一つ医科と大きく異なる点に患者様と話す機会が多いことがあげられます。内科で診療しながらパソコンに向かって操作も行う医師に会ったことはないでしょうか。電子カルテや保険の関係でそうしなければいけない事情もあるのですが、歯科では基本的にそういう場面はありません。向き合う時間が多く、患者様との距離も近くなる分、接し方や人間力が問われることになります。

患者様に対し、上からの目線になってはいけない。これは歯科医師として特に強く肝に銘じています。

普段から私には子どもやスタッフと食事をする際、相手が好きか嫌いかも考えず「おいしいから食べてみて」と押しつけてしまうところがあります。お酒が入ったときが多いとは言え、そこは「おいしいから食べてみて」ではなく「良かったら食べてみて」と言わないといけないはずです。診療でも、「最先端の治療ですから」などと押しつけるようなことがないようにしなければといつも気をつけています。

患者様の意識も変化する

かつて患者様の要望は「虫歯を早く治してほしい」が一番でした。それが現在は「きれいにしてほしい」「メンテナンスをしてほしい」という方向に変わってきています。

背景には虫歯の激減があります。小学校に行って一年生の歯科検診を行うと四十数人のうち虫歯のある子は三人でした。つまり、ほとんどの子は歯科医院での治療経験がないわけです。一方で顎が小さくなり、子どもの歯並びが大きな問題となっています。そこで歯列矯正のニーズは非常に多く見られます。また、食べる、話すなどの口腔機能が発達不全の子どもも多く見られます。そのため口腔機能発達不全症に対するトレーニングも今後大きく増えていくと思います。

食事内容の欧米化が進み虫歯になりやすい環境なのに、それにもかかわらず虫歯が激減しているのは、ひとえにご両親の口腔への関心の向上です。私の世代だと親の膝の上で歯みがきをしてもらった経験がある方はあまりいないと思いますが、今はほとんどの親が仕上げ磨きをしています。それに伴い子どもの口腔状況に関心を示す親も増え、さまざまな要望をいただくようになりました。

大人の意識も変化しています。ドラッグストアに行くと、糸ようじ、デンタルフロスといった口腔内の清潔を保つさまざまな商品が販売されています。度々訪れては新しい商品が並んでいると全て購入して試すようにしていますが、それだけオーラルケアに対する関心が高まっている証拠です。

こうした動きを反映し、予防歯科の役割も重要になっています。予防歯科とは文字どおりトラブルが起きる前に歯と口腔内の健康を守る目的で行う検診、予防歯科治療、口腔機能の育成を行うことです。最近日本でも注目され、多いところでは予防歯科の領域で訪れる方が九割に達する歯科医院もあるそうです。Q.O.L.（Quality of Life：生活の質）を落とさないようにとの意識の高まりもあって、健康な状態で歯科医院を訪れる方が多くなっているというわけです。

今後、歯科医療はこうした健康な人が対象の予防歯科・審美歯科、小児を中心とした小児・矯正歯科、定期的なメンテナンス、そして訪問歯科診療の需要がますます増えていくでしょう。歯科医師もそういう分野をより学習し、提供すべき医療とは何かをもう一度しっかり考えなければいけないと思います。

私の情報収集法

最新情報の入手方法は人それぞれですが、私の場合は『ザ・クインテッセンス』をはじめとする六種類の専門誌を自宅用、医院用と計一二冊購入し、持ち歩く生活を二〇年以上続けています。くまなく読むわけではなく興味がある記事に目を通すだけなのですが得るものは多く、続けて本当によかったと思っています。専門誌で知見や情報に触れることは誰でもすぐできます。歯科医師ならあたりまえのことで、本当の勝負はここからです。

最新情報を勉強するまたとない機会となるのが学会です。歯科医師の学会はほとんど週末開催なので、インプラントも歯周外科も審美歯科もとあらゆる学会に出席するとなればほぼ休みなしになり、行くか行かないかは自分自身との闘いです。私自身は取り憑かれたように出席した時期があり、その結果、皆さんの前で発表の機会を得たり、学会誌に掲載されたりと一定の手応えを感じることができました。

先に開かれた、デンタルショーと同時開催された日本国際歯科大会には一万人以上が集まりました。ヨコハマ グランド インターコンチネンタル ホテルの会議場を見渡す限り歯科医療関係者が埋め尽くす風景は壮観でした。

思うに歯科医師は皆さん真面目で勉強熱心です。勉強すればするだけ技術や知識が自分自身の治療に反映されて患者様にも喜んでいただける。そしてそれが我々の幸福感に反映されるのだと気づいている方がそれだけ多くいらっしゃるということでしょう。

ただ学ぶことを優先していると家庭が置き去りにされるという問題があります。どうしても子どもや家族との時間が少なくなってしまうのです。しかし尊敬する先生方はご家族との時間をとても大切にされています。海外へ研修に行くとき等、私が妻に同行してもらうようになったのも先生方にならってのことです。

最新機器と向き合う力

歯科医療の現場もどんどん変化しています。先進的な治療を支えるのがCT、マイクロスコープ、高精度歯科3Dスキャン、アイテロといった最新医療機器ですが、これらは一千万円単位と高額です。患者様に高度な医療を提供し続けるためには、こうした高額な機器を備える体力を整えた歯科医院であることが求められるのです。最新の機器を扱う環境で働ければ、スタッフのモチベーションも上がるはずです。

二十数年前であれば、インプラントを埋入する際には十数ミリの骨の厚さが必要でした。しかし現在は薄い骨でも可能です。以前はその厚さにインプラントを埋入できる医師は天才と呼ばれましたが、今は器具や材料の進歩により施術も可能になったのです。

私の医院にはお試しで購入したものの数回使ってお蔵入りになっている機械が多くあります。これは金銭的には損失ですが、試してみて初めて経験や知見が蓄積され基準が上がる部分もあるので、結果的には診療の質の向上につながると考えています。使ってみて、ＡＩや機械には置き換えられない手作業の大切さに気づいたこともありました。ですから、投資だと思って購入しています。

別の見方をすれば、投資できる歯科医院とできない歯科医院の間で、診察の領域に大きく差が開いていると言えます。他院で断られてあきらめていた患者様に「こういう機器を使って、このような方法で試してみてはいかがでしょうか」と言えれば、歯科医師としても誇らしい気持ちになるでしょう。喜んでいただけてやりがいを感じるし、もちろん仕事も増えます。業者も買う可能性がなければ説明には来ません。逆に意欲を見せればいろいろ教えてもらえます。

これから経験とか知識を凌駕するぐらいの器具や材料の発展があるでしょう。新しいシステムが入れば、それを使いこなす学びが求められます。

最新医療で差のつくスタートライン

私が大学を卒業したばかりのときは、大きな虫歯の場合、神経を抜いて冠を被せる治療が多かったものです。それによって後に歯を抜かなければいけなくなった場合もありました。しかし「じゃあもう食べられないな」「義歯も入れたくない」と放置している方に、今は「インプラントがあるので大丈夫ですよ」とお勧めできます。「歯を失ったらどうしよう」から「歯を失わないように頑張る。なによりメンテナンスが大切だ」と意識が変化してきたわけです。

しかし最新医療機器を導入できるかどうかで、どんどん差がついている現状があります。

宝歯会でもＡＩの導入はかなりの比率を占めています。型をとる際には、カメラやＣＴで撮影したデータを隣接する技工所「スマイル・ラボ」に送るだけの機会が増えてきました。以前のように石膏を流したりしないので二～三時間で出来上がります。インプラントは画像を撮影して口腔内のデータを送信すると、何ミリのインプラントをこのように入れてくださいと指示されます。

矯正では透明のマウスピースを使ったインビザラインが主流になりつつあります。目立たず治療期間が短いことが歓迎され、世界中で採用されている確かな実績のある矯正装置です。

業界を牽引する先生方に出会い、私は早い時期からインプラントを始めることができました。歯科医療の中でも高レベルな技術が必要ですが、これからインプラント、矯正治療、補綴《ほてつ》治療など全ての歯科治療はＡＩと一緒にやっていくことになります。ＡＩが導入された歯科医院とそうでない歯科医院では、患者様はやはり前者を選ぶでしょう。ＡＩを利用して治療を行う歯科医院は他より一歩先んじるわけです。

ＡＩ時代に求められる人間力・説明力

このようにインプラントも矯正、補綴も、ＡＩの力を借りて早く正確にできるようになりました。ＣＡＤ／ＣＡＭやＣＥＲＥＣ（コンピュータによる被せ物設計・生産システム）の導入により、今後の歯科技工士は型取りから被せ物の製作までＡＩと一緒に行う時代になっていくと思います。

ただ導入したらひと安心かと言えば、そうではありません。それはスタートラインに過ぎないからです。人間力も技術力も足りない歯科医師が走り出したところで勝ち目はありません。高級食材とブランドの器が自慢のレストランであっても、シェフやスタッフに好感が持てなければ足が遠のくでしょう。同様にいくら最新機器が揃っていても、好感の持てない歯科医師に診てもらいたいと思う患者様はいません。

結局これまで培った経験や技術、そして何より人間力が、AIを導入する以上に求められていくことになります。手作業でしかカバーできない細やかさもまだまだ必要とされています。勝負するのは最終的に人間であり、人間力を高めていくことはより重要になると私は考えます。

私はインプラントの可能性を信じていますが、初診の患者様に勧めるようなことはしません。患者様とある程度信頼関係が生まれてから、提案を差し上げるようにしています。いきなりインプラント治療を希望される方もありますが、その場合もまず歯周病や虫歯の治療をします。そのプロセスでインプラント治療は向いていないなと感じた際には義歯をお勧めしています。

説明力にもこれまで以上の繊細さが求められます。インプラントについて理解のある患者様であれば、ひととおり説明して

「じゃあ、次回やりましょう」

とすぐに進めるときもあります。しかし人間は経験のないことについては拒否反応を示すものです。私自身もそうだから分かります。ですから、私は決定を急がず、何度も説明して理解して

いただくようにしています。

我々の出来る最善の治療はお互いの信頼の上に成り立ちます。理解のために焦らず時間をかけることです。施術やプロセスに納得していただいていれば、多少の時間や経済的な負担を伴ったとしてもそれ以上に満足していただけると思います。

経済力を加味した適切な歯科診療

日本の国民皆保険は素晴らしい制度で、多くの方は保険診療を希望されます。しかしこれからの歯科医療は、患者様側にもこれまでより負担していただくようになるでしょう。

一般歯科や訪問歯科診療はこの保険の範囲ですが、審美性を求めたり、矯正したりするとなると自由診療です。たとえインプラントに関心があっても一本五〇万円と聞けば、多くの患者様は二の足を踏みます。インプラントなどにも保険が適用されるようになれば良いのですが、国の財政状況が厳しいため大きく保険の範囲が広がるということは期待できません。

人口減少と財政難という大きな問題に直面する日本には、解決すべき問題が多く存在します。不妊治療などへの助成については国民のコンセンサスを得やすいのですが、命に関わる症例の少ない歯科医療はどうしても後回しにされがちです。

歯科医療の進化によって私たち医療提供者側はスタートラインが前倒しになり速く走り出せるようになりましたが、患者様がスタートできるかどうかは別の問題になります。歯科医師は患者様の多くのことについて考慮しながら、治療法を決定する必要が出てきたと言えます。

多言語対応——AIカウンセラーへの期待

AIを用いて実現してほしいのは、さまざまな言語に対応できるカウンセラー機器です。かじわら歯科小児歯科医院の裏手には工場地帯が拡がっていることから、ベトナムやラオスからの労働者が診療に訪れることがあります。福岡市の分院も東南アジアの人が多く見られます。会社の保険で診療を受けに来る方もいますが、言葉が通じないと説明できないので、お互いに診療の機会は失われています。日本の医療を希望されて来日しても、どうしても言葉が壁になってしまうのです。

しかしAIカウンセラーが実現すれば、医療のさまざまな側面でコミュニケーションがぐっと向上するのは間違いありません。

「ベトナムに歯科医院を出しませんか」と我々にも声がかかったことがありました。現地の日本人が日本人医師を求めているし、現地の人にも高度な医療を提供できる可能性もあります。我々は今のところ積極的に海外展開や外国人向け医療を拡大しようとは考えていませんが、門を叩いてくれた患者様をがっかりさせたくありません。だからこそ、全ての方に対応出来るAIカウンセリングが出来ればすぐにでも導入したいと考えています。

海外の方に少しでも良い印象を持っていただくことは、次の世代に向けた私たちの責務の一つです。経済状況の見通しは暗い中、外国の方が日本人は親切だ、日本人は優しかったと感じるような体験を積み重ねていく努力は重要だと思っています。

宝歯会の目指す未来型歯科医療

医科と異なり、歯科医師の仕事は一般歯科、小児歯科、矯正歯科、インプラントを含む補綴歯科、口腔外科、予防歯科、審美歯科など多岐にわたります。宝歯会ではこれらの領域に加え、訪問歯科診療も行っています。

専門医制度が確立しているアメリカには、歯根の治療だけ行う歯科医師などさまざまな専門医がいます。しかし、そのどれもが自由診療なので患者様は経済的に豊かな人が多くなります。口腔の健康に大きな経済格差が影響しているのです。一方、日本は保険診療なのでアメリカに比べて診療単価は低いですが、国民の皆様が平等に安心して治療を受けていただける皆保険制度は素晴らしいと思います。

確かに、いろいろな領域を手がけるのは大変です。でもその気になって他の領域にも目を向けて勉強すれば、それぞれの基準も高まり手応えはあります。

私はいつもレストランに行くと、歯科医院と同じだなと感じます。材料の調達、調理、提供等全て自前で手をかけ美味しい食事を提供する店もあれば、こだわりをさして感じさせないところもあるでしょう。歯科医師というプライドに基づいてしっかり学び、最良の治療を提供していきたいと思います。

そして、最良の医療環境をつくるために、宝歯会では医療部門、歯科技工部門、事務部門が専門性を活かしながら連携を図り、満足度の高い医療を提供する未来型歯科医療を目指しています。各部門を担うグループ会社は次のとおりです。

・㈱スマイルサポート

経理事務作業など、歯科医師が苦手としている分野の仕事を担います。医療と運営の分離の核となる会社です。

・㈱スマイル・ラボ

歯科技工物の製作のほか歯科医師、スタッフに対する歯科技工研修教育も担当します。

・㈱スマイルクリーン

医療器具の洗浄・滅菌作業で治療の安全性の向上を進めます。

・㈱オープンマインド

インターネット、SNSを活用したグループのスタッフへの情報提供、そして患者様への情報提供、情報処理サービス業務を行います。

・㈱ビッグスマイル

セミナーの開催、実技演習などの企画・運営を行うと共に、新入社員の入社研修も行います。

ただし、歯科医療の周辺業務と健康産業以外に進出するつもりはありません。それ以外のものはなるべく外部に委託した方が良いと考えています。医療人は医療に専念出来ることが一番必要であるという考えのもと、専門分野以外は会社を設立するか外部に委託する方針です。

組織というものは、いったん手を拡げて大きくなったらなかなか縮小はできません。永く続く組織は大きくなるだけではなく、小さくなる能力も備えておくべきです。ただ拡大するだけではなく、未来を見つめて、未来から今を考える組織運営が必要だと思います。

グループ会社も同胞感を徹底する

グループ会社であるからこそ同胞感は非常に重要です。母体の周囲にいるのではなく、あくまで宝歯会の一員だということは折に触れ意識させています。スマイルサポートやスマイル・ラボのスタッフにも朝礼には参加してもらっています。会社の名前を記すときには「医療法人宝歯会グループ　㈱スマイルサポート」「医療法人宝歯会グループ　㈱スマイル・ラボ」とグループ名を必ず書くように指示しています。分院を訪ねた際にも「スマイルサポートです」ではなく「宝歯会・スマイルサポートのタナカです」と大きい声で挨拶するのが基本です。これらは新人にも研修で徹底します。

スタッフを紹介するときも

「今度、宝歯会に勤めることになったカジワラヒロキさんです」

とあくまで宝歯会を前面に出すよう指導しています。

一枚の名刺あるいは名札にどのように記載するのか、同胞感を強くするためにはそうしたちょっとしたことが非常に重要です。細かいなと思うかもしれませんが、細かいところの徹底こそ組織の存続には欠かせないと思います。

重要なのは「内部」広報

今後、宝歯会では会社の内部広報を強化していく予定です。広報と言えば、会社の外に対してアピールしブランディングにつなげる仕事というイメージですが、企業理念や社内の情報を共有し、宝歯会の一員としてスタッフの責任感や自尊心を高めることも重要です。それを考えるとプロの広報会社であっても外注するのは難しいと考えました。宝歯会の同胞感や大切にしているマインドを第三者に説明するには時間がかかりすぎるからです。

例えば私たちは、基本的に「患者さん」ではなく「患者様」とお呼びします。

「今日は五〇人の患者様においでいただきました」

とスタッフ同士で話すときも統一しています。ミーティングでも「今日は患者様に喜んでいただけてよかったですね」という言い方をします。ただし広報するときには「患者さん」とするなど主語は、時と場合に応じて使い分けています。

細かいことですが、内部への広報意識を持ったスタッフを今後増やしていくことは同胞感を高める上でとても重要になります。

我々のミッションは「患者様と永く、スタッフと永く、地域の皆様と深く永くお付き合いする」です。今来院してくだっている患者様、今勤めているスタッフと永く付き合い、結果として地域の皆様と深く永くお付き合いすることになるわけで、この順番がとても重要です。その上でインターネットやSNSも活用して、皆様に宝歯会の姿勢や良さを知っていただけるよう広報していくのだと考えています。それは今後、宝歯会と手を携えて進む仲間の皆さんへの期待値を高めることにもつながります。

こうしたマインドを十分に理解した上で、宝歯会の広報は㈱オープンマインドが担います。システム構築といったITの知識が必要になるので、人材の集まりやすい小倉駅前の一等地に会社をつくりました。まだスタートして日が浅く、これから人材とサービスを充実させる予定です。

開院の条件は新幹線と進学校

現在、宝歯会では二三の分院を展開していますが、我々が開業する場所を決める場合、最低三つの条件を満たしていることを基準としています。

一、新幹線が停車する
二、条件を満たす進学校がある
三、自分自身が住みたいと思う

進学校を条件にあげているのは、永くご勤務いただいている先生はもちろん、先生の奥様の関心が大切なお子様の進学にあると考えているからです。これは私の「大切な人の、大切な人を、もっと大切にする」というミッションに基づいています。

ときどき勘違いされるのですが、私の目標は宝歯会をひたすら大きくしていくことではありません。我々の目指す仕組みを構築し、「患者様と永く、スタッフと永く、地域の皆様と永く深くお付き合いする」というミッションを達成したうえ、「業界のベンチマーク」になることが重要だと考えています。そして、業界の皆様の不安と不満を安心と希望に変え、心配なく働けるような仕組みを整えた歯科医療グループをつくることこそがゴールです。

分院のリーダーには自主性を

分院には売上や利益のノルマは一切ありません。「規律の中の自由」に基づき、大切にすべき点を確認した上であとは全て任せています。

ただ指示をしたりすることはなくても相談された場合にはアドバイスをしています。各分院の責任者である彼らも基礎データに基づき、どんな患者様がいらして、どういう治療をしていくのかを理解し方針を決定していかなければいけません。

どうも原因がピンと来ていないようなら

「じゃあもう一回、自分が思うとおりやってみて。それで違うと気づいたら変えてみたら」

とあくまで自分で考えて欲しいと言います。

実際には「変えよう」と促すのは彼らのためにはなりません。納得した上で能動的に変えるのならば良いのですが、そうでなければ結果的にはあまり良い結果にはなりません。

人間はよく「そうに違いない」と思い込みます。しかし「思い入れ」と「思い込み」は違います。強い思い入れは切り拓く力になりますが、強い思い込みは人を停滞させます。スタッフを見ていると「それはあなたの思い込みじゃないの？」と感じることはよくあります。データを前に立ち止まり、柔軟に変化できるようになってほしいものです。

私は人材戦略に最も多くの時間を使います。一人ひとりの長所や短所をよく考えて、そして永く付き合っていく必要があるからです。

運営戦略を考えるなどマネジメントは私の大切な仕事です。中でも人材戦略は特に大切です。そこはしっかり理解して整理して時間をかけて事業を進めていかなければいけません。

医療と運営を分離して一流企業を目指す

秀でた才能を持つ方に共通しているのは、好きなこと、得意な分野を突き詰めていらっしゃるということです。基本的に苦手なことはなさいません。

本田宗一郎氏には「理想のナンバー2」とも呼ばれた藤沢武夫氏という名参謀がいました。お互いの不得手な部分をカバーしたからこそ本田技研工業はあそこまでの業績を成し遂げたのだと思います。

私は一時期、寝食を忘れて診療に情熱を注ぎ、誰にも負けない自信をつけました。そして、好きなことで自分を高めていく部分に特化する発想を突き詰めた結果、医療、運営を分けてそれぞれの専門部門を設ける発想につながりました。

おそらく歯科医師に限らず、一般の医師にも運営や医療にまつわる数字が好きで得意な人は少ないと思います。それでも成り立つようにしているのが日本の医療制度の長所でもありますが、今後の歯科業界、日本の未来に貢献するためにも、医師が治療に集中できる新たな仕組みづくりを進めていかなければと思っています。

キャッシュフロー計算書を理解できる歯科医師に

ほとんどの歯科医師は会計業務を税理士や会計士に任せています。納税のトラブルは少ないかもしれませんが、税理士は本来、税務署の方を向いて仕事をしています。そのため私たちに有益な結果をもたらしているとは限りません。

歯科医師も損益計算書、貸借対照表、そしてキャッシュフロー計算書の財務三表ぐらいは読めるようにしておくべきです。基本的なことであれば、二〜三日勉強すれば大丈夫です。医療費控除といった医療分野独特の仕組みも理解しておくべきでしょう。

私は歯科医院の会計業務については勉強し実績を残してきた自信もあります。ですから今は、講演をするときもほとんどのテーマが歯科医院運営です。お話するととても喜んでいただけて、歯科医療機器メーカーや大学の同窓会から感謝状も頂戴しています。

講演は自分の考えをまとめるまたとない機会でもあります。人前で話すときには確信を持ったことしか話せませんし、自分がなりたい一〇年後の姿を考えたりすることもあります。講演会という形でなくても、人前で話す機会は積極的に受け容れることをお勧めします。

講演するとき私はスライドをあまり使わずに話を進めるようにしています。せっかくですから集まった方々を感じながら、そして皆さんと話しながら講演したいからです。

何回か最新医療について人前で講演する機会を頂戴し、お褒めいただき、表彰状などを賜わったことがあります。しかし、今では最新医療については私より詳しい方は大勢いらっしゃいます。だから財務上の注意や医院運営についての講演依頼が多くなりました。ただテーマが何であれ周囲の人たちが喜んでくれ、さまざまな人とのつながりが強くなることに、大きなやりがいを感じています。

未来から自分の進むべき道を考える

ときどき、学校の子どもたちにお話をする機会をいただきます。

「何を勉強したらいいですか」

と尋ねる中学生にはいつも

「きみは今、一五歳だよね。結婚して子どもができて三五歳か四〇歳になったとき、どんな自分でいたいですか」

と問いかけます。目の前の一、二年のことばかりを考えていると夢が無くなり、日常に追われます。未来から、あるいは将来から、今を見つめ、考えるということが非常に大切だと思います。

サッカー選手になりたいという子どもがいたら極端な話ですが、

「本当にその勉強は必要なの？　本気なら今すぐ毎日筋トレする方が良いかな？」

と声をかけます。常識を学ぶことはもちろん必要ですが、未来をイメージできればそれ以上におのずと今やるべきことは見えてくるはずです。

高校で講演させていただいたとき、歯科医師のお子様がいて、こんな質問をされたこともありました。

「歯医者は今から希望が持てないと耳にします。父もいつもダメだとぼやくんですがどう思いますか」

と彼は進路に迷っているようでした。それに対し大切なのは歯科医師がダメかどうかというより、自分がどうなりたいかということだと前置きした上で「本当はお父様のような歯科医師になりたいのではないですか」と問いかけたところ、やはり自分の二〇年後は歯科医師だとイメージできたのでしょう。後日、全く面識のない歯科医師のお父様から「先生のおかげで息子が歯学部に進むことになりました」とお礼のお手紙をいただきました。

二〇年後の世界は予測できなくても、二〇年後になりたい自分を思い描くことはできます。私はこうした考え方を松下幸之助氏やピーター・ドラッカー氏から学びました。経営者はみんな、似たような考えを持っています。特にドラッカー氏が二〇年後の世界は分からないけれど、二〇年後になりたい自分の姿は分かると語るのを知り、共感するところがありました。

何より漠然とした不安を抱えて悩むより、二〇年後になりたい自分のことを考え、そして行動していく方が何よりも楽しい毎日になると思います。

家族との時間を大切にして働く

私は「未来ノート」を書いています。八〇歳まであと一七年あまり働くとしても、あと二万時間しか働けません。今はフルで仕事に向かっていますが、今より家族と過ごす時間を増やし、さらには勉強する時間を増やしていくと残りの時間は多くはありません。だから急がなければと思います。ビジョンの遂行のため人材の育成は最重要です。今後、このことに全力を注いでいきたいと考えています。

グループが今まで以上のスピードで成長・発展できるように頑張っていくつもりです。しかし、「私は今、何をしなければ後悔するだろうか」と考えたとき、やはり家族と過ごす時間の少なさが気にかかります。

おそらく全ての歯科医師やスタッフも同じだと思います。今後はスタッフたちも、そして私も、自分の大切な家族へ目を向けていくことが求められます。人材育成、組織づくりを早急に進めるときには、まずこのことを最初に考えるべきです。多くのスタッフたちと仕事をすることになりますが、いずれ自分が持っている多くの権限を委譲していきたいと考えています。そうした組織づくりを早急に進めなければいけません。これは我々にとって最重要の課題です。

これからは妻や子どもたちとの時間も意識的に増やしていく努力が必要になります。家族は私の人生の基本です。そして、それについてスタッフにもしっかり伝えていきたいと思います。自

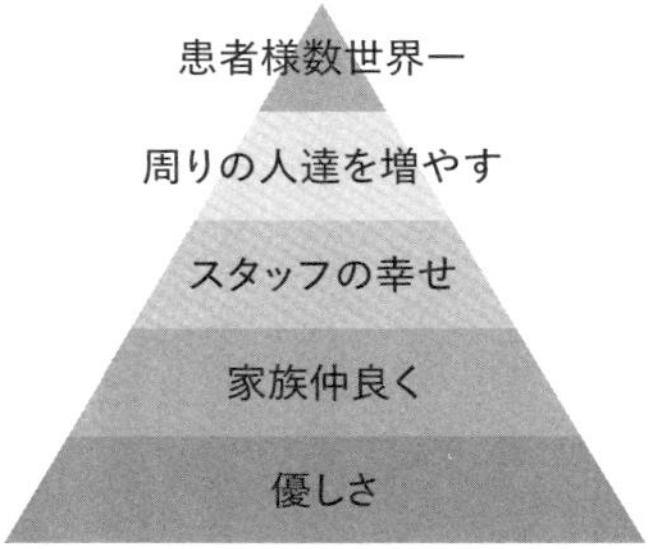

「優しさ」を基盤にした世界一のピラミッド

分の勤めるグループの代表が自らの姿をみせることにより、スタッフも同じように家族やパートナーとの時間をさらに大切にする生き方を求められるようになりますし、私が見ていること、皆が見るべきことが伝わると考えます。

こうして家族が仲良く過ごすことができ、スタッフが幸せになり、周りに人が増えていき、患者様の数も世界一に近づくという世界一のピラミッドが完成するのです。

第4章

診療室の外に出て初めて気づいた意義

訪問歯科診療を通じて深く永いお付き合いを続ける

高齢者施設での驚き

訪問歯科診療の先鞭をつけたのは日本歯科大学の新潟病院で、一九八七年九月のことでした。二〇一四年には、それまでの「在宅歯科往診ケアチーム」が日本初の訪問歯科診療を専門とする「訪問歯科口腔ケア科」に発展しました。新潟県中越地震や東日本大震災では、被災者の口腔ケアにも活躍されたそうです。

そのように考えると訪問歯科診療は、まだまだ歴史の浅い分野です。今でこそ厚生労働省の推進する地域包括ケアシステムに組み込まれていますが、私が開業した一九九〇年には話題に上ることはなかったように記憶しています。

そもそも訪問歯科診療に興味のなかった私を大きく変えたのは、近くの介護施設から「義歯が割れて食事が摂れない方がいるので診てもらえないか」と依頼された往診でした。

まず介護老人保健施設の玄関を一歩入って驚きました。ほとんどの方に覇気がありません。その元気のない入居者の間を少ないスタッフが走り回っているのです。

患者様は私の知り合いでもある八〇代の方でしたが、今度は口の中を見て言葉を失いました。信じられないほど汚れていたからです。入れ歯にもカビが生えているような状態でした。そこでまずスポンジで口腔内を洗浄したところ、涙を流して喜ばれました。義歯はお預かりして、歯科衛生士と一緒にぴかぴかに磨いた入れ歯をお持ちしたのですが、そのときも泣いて感謝してくださった姿を忘れることはできません。

歯科医院しか知らなかった私は、こんな世界があるのかととにかく衝撃を受けました。決して施設のスタッフを非難しているわけではありません。当時は少ない人数でオムツを替えたり、食事をさせたりするのに追われ、口腔ケアについて知ることも、行わなければいけないことも分からなかったのだと思います。

歓迎されなかった訪問歯科診療

改めてお話を伺うと、施設にはほかにも義歯の調整や抜歯を希望する患者様がたくさんいらっしゃることも分かりました。

多くの歯科医師にとって診療室は全てです。私にとっても長い間そうでした。しかし活躍の舞台のほかに見落としているものもあると思います。そして超高齢化社会を迎え社会に貢献できる場として可能性を感じたことから、一九九九年に宝歯会として訪問歯科診療に参入しました。介護保険が施行される前年のことです。きっかけは偶然でしたが、私は診療室の外に歩みを進めることになりました。当初はまだ昼休みの合間を縫っての往診でした。大変だなと思うこともありましたが、困っている方を救いたかったし、全く知らない世界を勉強する好奇心が勝りました。

それまで寝たきりの患者様の治療はどうしていたかと言えば、家族や介護者が患者様を歯科医院まで連れて来ていました。それが歯科医師が訪問するようになるわけですから、冷ややかな眼で眺める歯科医師も少なくありませんでした。まして訪問歯科診療に特化した歯科医院などもってのほかという雰囲気だったのです。

そうした逆風の中でも、施設や居宅への訪問歯科診療を熱心に行っている歯科医師はいらっしゃいました。その先生方の言葉の端々からは、歯科医院に来院できない患者様をなんとかしてあげたいという純粋な思いを感じたものです。確かに訪問歯科診療を行う歯科医師が少なかった時代は、診療報酬なども今よりずっと優遇されていました。しかしだからと言って参入する歯科医院が多いわけでありませんでした。軋轢があってもなお強い責任感で訪問歯科診療を続ける歯科医師たちに支えられている現状だったのです。

往診から訪問歯科診療へ

その志の高い先生の元で勤務されていた方が現在宝歯会の訪問歯科診療部総チーフを務める上阪祐子さんです。一回だけのケアで終わらせるのではなく定期的に訪問することの重要性を教えてくれたのは、歯科衛生士である上阪さんでした。訪問歯科診療の基本中の基本である口腔ケアと摂食嚥下リハビリテーション初め、さまざまなケアについて私も上阪さんと一緒に勉強するようになりました。

また同じ年にはとても優秀な多くの訪問歯科診療の経験者や希望者が入社しました。そのため訪問歯科診療の組織化と事業拡大を大きく進めることができました。そして、我々も二〇〇一年ごろには往診から本格的な訪問歯科診療を中心にするスタイルができました。

必要があるときに対応する往診に対し、訪問歯科診療は定期的に伺って口腔ケアや口腔リハビリテーションを行うという大きな違いがあります。現在、宝歯会で行っているのは訪問歯科診療がメインです。それだけ世の中で口腔リハビリテーションや定期的な口腔ケアの大切さが認められたということだと思います。

参入当初には、一つの医院につき同じ時間に一人の歯科医師しか訪問歯科診療を行ってはいけないという規制もありました。結果的にそれが新たな拠点となる二〇〇三年の「ひまわり歯科医院」の開院に結びつき、訪問歯科診療の中枢としてだけでなく、障がいをお持ちの方にも対応出来る歯科医院に発展しました。

さらには、障がい者施設や患者様のお宅に送迎車でお迎えにあがり、ひまわり歯科小児歯科医院までお連れして診療し送り届ける「送迎診療」もこのとき誕生しました。

成功の鍵は「規律の中の自由」

健康な人の診療しか経験のない私は、訪問歯科診療に行っても最初はどのように対応すれば良いのか分かりませんでした。

応急処置や治療が中心で外来診療の延長にあるとも言える往診に対し、長期的な計画の上に立ち、かかりつけ医など多くの人たちと連携しながら継続して治療や処置、健康指導などをしていくのが訪問歯科診療です。外来とは全く違う視点で、患者様と関わらなければなりません。

そこで私は私より知識も能力もあるスタッフたちに訪問歯科診療の現場を任せ、また外来中心の診療に戻ることにしました。おそらく私がずっと関わっていたらうまくいかなかっただろうと思います。任せたから上手くいき、そして発展出来たのだと思います。

ちょうど歯科医院も拡大していた時期だったのですが、新しいスタッフの中からも訪問歯科診療に行きたいと手をあげる人たちが現れました。やる気のあるスタッフによって自然に彼らの活躍の場も広がっていったわけです。

寝たきりにさせない口腔ケアへ

口腔ケアが行き届かなくなった高齢者や寝たきりの方は、口腔内細菌による全身疾患のリスクが高まります。それを回避するために訪問歯科診療による口腔ケアは大変意義あるものです。

口腔内の細菌が原因となるリスクの第一は誤嚥性肺炎です。また、心筋梗塞等のさまざまな疾患につながると言われます。

健康維持は患者様自身のためであると同時に、日本の未来にも大きく関わる問題です。

今後ますます日本の人口は減少し、厚生労働省は二一〇〇年には現在の人口から半減するとの推計をまとめています。問題は、それ以前の二〇三〇年には三人に一人が六五歳以上の高齢者になるということです。

そうした深刻な少子高齢化の下で日本は医療費によって財政破綻しそうになっています。国が存続するためには膨大な医療費を抑えなければいけないわけですが、今一番医療費がかかっているのは誰かと言えば八五歳以上の寝たきりの方なのです。ですから寝たきりの方を減らしていくことは社会保障制度を継続していくためにとても大切なことです。

訪問歯科診療も寝たきりの方へのサポートから、寝たきりやフレイルにならないように、また重症化予防のための仕組みに変わってきています。八五歳以上で食事が摂れなくなると寝たきりになることは自明の理です。ですから、寝たきりにならないよう頑張ってくださいと支えるわけです。そこで加齢や障がいなどで低下した食べる機能や飲み込む機能を回復させる口腔リハビリテーションは非常に有益だということで、国も推進しています。

やはり普段から定期的にメンテナンスに通っている方は、歯も長持ちします。最も効果があるのは幼いころからの口腔管理です。口の中に対する関心を高め、虫歯をつくらないように気をつければ、将来にわたって医療費が削減できるとも言えます。

さらに健康な方への定期的なメンテナンスを広く行っていくことは、疾病予防のみならず、医療費の削減に大きく貢献できると思います。健康な方を対象にすれば診療領域の幅も広がります。「なぜ健康なのに歯科医院に行かなければならないのか？」ということを啓蒙していくことがとても大切です。

これまで歯科医師の能力は手先の器用さや丁寧さなどで評価されてきました。しかし、重症化予防のための訪問歯科診療では別の能力が必要になります。それが人間力です。予防という領域に注目が集まり、健康な方が対象者となる分野ではこうした技術以外のところで歯科医師の差別化がされてくるのではと私は考えています。

いつ始める？　訪問歯科診療

地域包括支援センターを初めさまざまな機関との連携が必要な訪問歯科診療は、外来診療を行う地域での活動が原則です。

高齢者施設のスタッフも地域の事情を知る歯科医師の方が仕事はしやすいでしょう。中にはこれまで縁のない地域に行く先生もいるかもしれませんが、少なくとも我々のグループではそうではありません。

現在も訪問歯科診療に取り組む歯科医院は決して多くありません。私の感覚では九州に限っても全体の三割ぐらいだと思われます。その中で宝歯会は福岡県内をほぼ網羅しています。小倉の外来に来ていた患者様が博多の施設に入院したとしたら、博多の歯科医院から歯科医師を派遣して対応します。その地域にグループの医院があれば、外来で来院して下さっていた患者様が介護するご家族の関係で遠くの介護施設に入られた場合にも出向くこともあります。

寝たきりになっても引き続き手厚い治療ができるということで、訪問歯科診療は患者様からの宝歯会への信頼感、安心感にもつながっています。

ただし、歯科医院の外来での診療体制が十分に整ってから、それから訪問歯科診療を手がけるということが非常に大切です。

実は当初から国も訪問歯科診療だけを専門にすることは勧めていませんでした。まず外来での治療をしっかり行い、それから通院されていた患者様が必要としているのであれば訪問歯科診療をやりなさいというスタンスなのです。

だからこそ我々は、まず外来診療をしっかり行う歯科医院をつくることに力を注ぐようにしています。その上で余裕を持って訪問歯科診療に参入するようにしています。

人口動態で高齢者の多い場所だけにとどまらず、どこにでも訪問歯科診療を必要としている患者様はいらっしゃいます。

まず外来診療を安定させることにより、いつでも地域の皆様と永いお付き合いができるように、訪問歯科診療の準備しておくことは必要なことだと思います。

訪問歯科診療に必要なものは？

訪問歯科診療には、いくつかの条件や制限があります。

例えば訪問先は、歯科医院から直線距離で半径一六キロメートル以内に限られています。それより遠いところは保険給付の対象になりません。

診療開始までのプロセスも違います。訪問歯科診療をお願いしますと頼まれてすぐ始められる仕事ではないのです。事前に状況をヒアリングさせていただき、関係機関と連携した上で週に一回もしくは二週間に一回行きましょうといった契約をするわけです。

訪問歯科診療と外来診療との大きな違いは、相対する人の多さです。

外来であれば基本的に患者様と向き合えば良いのですが、訪問歯科診療の場合、家族、かかりつけの医師、看護師、施設のケアマネジャー等のスタッフなどさまざまな人と関わらなければなりません。

診療する前の仕事は多いですし、報告書を書く必要もあります。外来で電子カルテに入力する作業に比べると、点数計算も含め事務作業に時間をとられます。

訪問歯科診療の時間は患者様に合わせる必要があるので、スケジュールを調整することが多くあり、最初はとまどいました。

このように診療以外にさまざまなスキルと作業が求められる訪問歯科診療ですが、いざ始めてみるとニーズは高く、制限や規制のある分野だからこそ成長の可能性があるのだと感じました。

高価な医療機器より心のふれあい

もう一つ訪問歯科診療を始めるにあたり必要なものに、専用のクルマと器具・器材があります。

訪問歯科診療用のクルマ

最初はクルマ二台、それもカタツムリのような外装のエスカルゴから始め、訪問歯科診療の認知度向上につなげました。そして、できるだけ外来に近い環境をつくれるようポータブルレントゲンなどをコンパクトに積み込んでいます。

診療機器に投資し続けることはもちろん必要です。ただ外来診療と同じ器具がなければできない仕事なのかといえば、そうではありません。

「訪問歯科診療に向いている方はどんな方ですか？」と尋ねられたら、私は「人間力の高い方」「患者様の尊厳を守れる方」と答えます。そこに必要なのは心のふれあいだからです。

身体が自由に動かない患者様であるからこそきちんと尊厳を持って対応する姿勢が最も大切で、「あなた」とか「おじいちゃん」と言わずに「タカハシさん」とか「ササキさん」と名前を呼ぶのは基本中の基本です。これは外来のときから何度も言ってきたことであり、宝歯会のスタッフの日ごろの心がけは訪問歯科診療にも生きていると胸を張れます。

気が利くスタッフはカルテに書いてある生年月日をチェックして

「今月はお誕生日ですね。おめでとうございます」

と声をかけ、患者様にとても喜ばれています。

私がかつて訪問歯科診療で患者様のお宅にお伺いしたとき、カレンダーに私の名前だけが四か所書かれていたことがありました。その患者様は一か月のアポイントが私だけだったのです。そのような方も多くいらっしゃるからこそ、患者様に対する思いやりや関心力を高め、人と人とが向き合うことが訪問歯科診療にとって最も必要なことだと思います。「あの先生やスタッフでよかった」と言われることが我々の働きがい、そして幸せにもつながります。

大切なのは尊厳が守られること

訪問歯科診療では、患者様とのお付き合いが一生続きます。長期的な対応が前提ですから、毎回すぐに期待した反応をいただけるわけではありません。口腔内をきれいに洗浄して長期的に見れば肺炎のリスクを減らしたり、オーラルフレイルを防げたりしても、なかなかご本人の気持ちに結びつかないこともあります。宝歯会では「ありがとう」と感謝してもらえるような働き方を大切にしていますが、状態によっては必ずしもすぐに期待どおりの反応をいただけるとは限りません。

我々の場合、訪問歯科診療を希望される方の多くは以前から我々の歯科医院に通っていただいている方です。その背景にあるのは、顔なじみの歯科医師に診てもらいたいという気持ちです。診療内容もさることながら、スタッフへの信頼と安心感があって引き続き宝歯会を選んでくださっているのです。深く永いお付き合いをするという宝歯会のミッションにかなうよう患者様に向き合わなければいけません。

訪問歯科診療では、「口を開けてください」とお伝えしても頑なに嫌がる患者様もいらっしゃいますし、思うように口を開けられる方ばかりではありません。周囲には「おかあさん、もっと大きく開けて」と声かけする家族もいたりして、外来とはいろいろ様子が違います。そういうとき、どんな話し方でどんな言葉をかけ、どんな対応をすべきなのか、一つひとつに配慮が必要になります。きちんと結果を出さなければいけない上に、そういうところには難しさを感じます。

ただそういう些細なところまで注意しているからこそ、人と人との関係を身近に感じられる人間的でやりがいのある仕事になるのです。相手のプライドを傷つけないような言葉遣いや相手に合わせた説明の仕方など、一つひとつよく考えるようになるので、自然に人間として成長できるようになります。

また、訪問歯科診療を通して人間関係が広がり、地域の顔見知りの方が増えることは大きな財産です。町を歩いていて「先生、こんにちは」と挨拶されたり「やあ、サトウさん」と逆にこちらから話しかけたりできる関係が増えることは、少なくとも私の場合、地域での幸せ感を大きくしてくれます。

「先生は頑張っているね」と地域の人から評価してもらう機会も、歯科医院の中にいるときよりずっと多いですし、訪問歯科診療には、医療従事者としての自尊心を高める効果もあるように思います。

宝歯会グループの訪問歯科診療の特徴

宝歯会で進める訪問歯科診療には、次の五つの特徴があります。

一、スタッフの研修システム
二、充実の設備で外来診療と同様な治療を目指す
三、摂食嚥下リハビリテーションへの取り組み

四、地域の皆様との深く永いお付き合い

五、転居転院にも対応

一、スタッフの研修システム

訪問歯科診療の先がけ、日本歯科大学新潟病院で歯学部五年生を対象に臨床実習での訪問歯科実習、臨床研修歯科医の訪問歯科臨床研修を必修化したのは二〇一〇年のことです。

また調査報告「わが国の歯科大学・大学歯学部における訪問歯科診療に関する実習と附属病院における訪問歯科診療の実態」(『老年歯科医学』、二〇二〇)によれば、アンケートに回答のあった歯科大学・大学歯学部二九校のうち卒前教育としての訪問歯科診療に関して基礎実習と臨床実習を問わず実習を行っている大学は、全体の九割にあたる二六校でした。以前より確実に増加傾向ですが、まだ十分とは言えません。大学内外の人に向けたリカレント教育に関しては一二校(四一%)にすぎず、いまだに健康な人、自分で歩いて治療に来ることのできる人を対象とした教育が行われているのが現状なのです。

そんなわけで宝歯会に来て初めて訪問歯科診療を経験する人も多く、日ごろからできる限りの研修は行っています。宝歯会には、幸運にも訪問歯科診療にやりがいを感じて一〇年以上取り組んでくださっているスタッフが多くいます。しかし私たちのように知識と経験豊富なスタッフがいる歯科医院は少ないと思います。

現在は、新たに訪問歯科診療の担当になった歯科医師や歯科衛生士には北九州まで来てもらって泊まり込みで研修をします。その間に信頼関係が構築され、常に電話したりメールしたり密に連絡を取り合っているようです。家庭の都合で外泊が難しいスタッフの中には、新幹線を使って三日連続で通う方もいます。

こうした研修には時間もお金もかかりますが、これからますます必要となる分野ですのでさらに研修を充実させていく予定です。

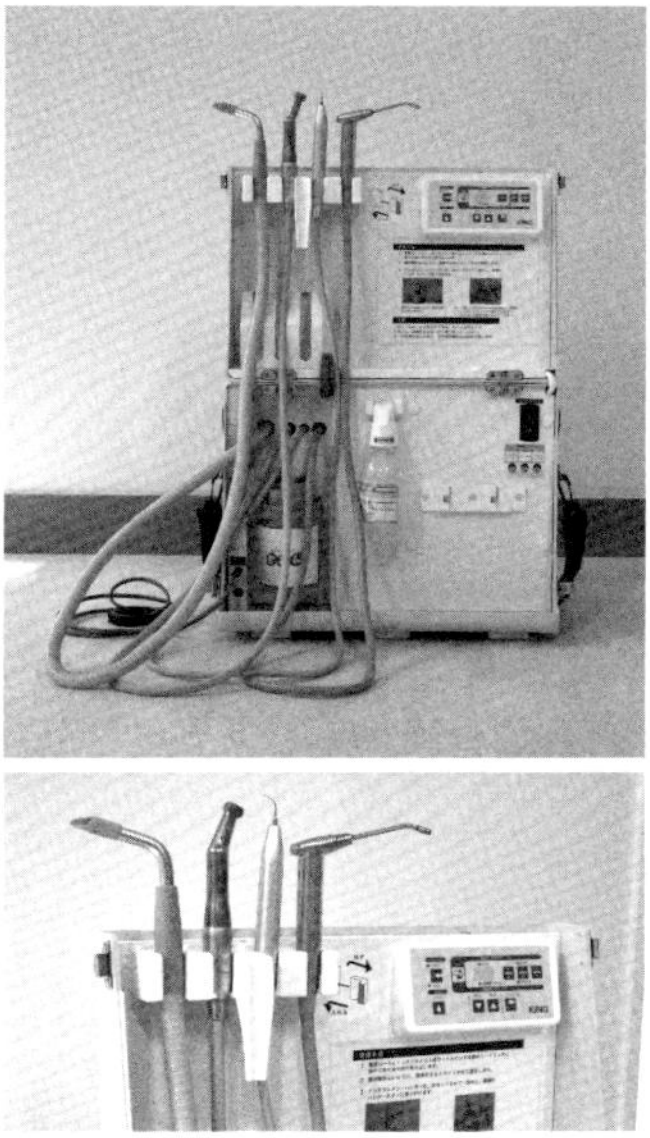

訪問歯科診療用のポータブルユニット
（キング工業　かれんEZ）

二、充実の設備で外来診療と同様な治療を目指す

寝たきりの方が多い訪問歯科診療では、さまざまな制約もあり外来と同じような診療をすることは難しい側面があります。本来ならもっと頑

張るところでも、患者様の身体が起こせない状態では負担になるので諦めようと考えるのは仕方のないことだし正しい判断です。ただ技術と診療機器の進歩によりできることが増えて、外来の診療に近づきつつあるのも確かです。例えば昔は手作業だった歯根の治療は機械でやれるし、レントゲンもその場で撮れるようになりました。

ですから私たちは時間とお金をかければ解決できる可能性があるものには積極的に投資していき、少しでも、外来診療に近い治療ができればと思っています。今は採算が取れなくても、永い目で見れば私たちの経験は訪問歯科診療の未来に必ず役立つと考えています。

三、摂食嚥下リハビリテーションへの取り組み

口腔リハビリテーションは訪問歯科診療の基本ですが、寝たきりの患者様の場合ともすれば唾液が喉に回り誤嚥性肺炎を起こしやすいものです。そこで二人で協力して身体を支えて少し起こすと良いのですが、トレーニングしなければなかなか上手にできません。

我々はマニュアルにはない、その人に合ったやり方を選択する場合があります。仮にオレンジジュースの好きな患者様であれば、オレンジジュースを含んだスポンジで口腔内を洗う方が反応は良いのです。ただこれも正しい知識と技術があった上でのことです。

四、地域の皆様との深く永いお付き合い

高齢者の医療や介護を担う地域包括センターと連携し、地域の皆さんと深く永くお付き合いすることは「患者様と永く、スタッフと永く、地域の皆様と深く永くお付き合いする」という宝歯会のミッションにつながり、必須のことです。

五、転居転院にも対応

転居した方や新しい施設に入居した場合にも、治療を継続してほしいとのご希望は多いものです。それが福岡県内や山口・広島エリアであれば、宝歯会のネットワークを利用して対応できます。実際、北九州のかじわら歯科小児歯科医院の訪問歯科診療部で受診されていた方に、福岡市や広島市の分院が訪問歯科診療を行っている例は多く見られます。

本当に強みを活かすとは

現在宝歯会に入社後は、まず基本となる一般診療を勉強してもらった後に、訪問歯科診療を経験してもらっています。先の研修の話でも触れたように、スタッフのほとんどはキャリアに限らず訪問歯科診療の経験もなければ知識もない方がほとんどです。

でも面白いことに、やってみると案外向いているなと新たな自分を発見したりします。こればかりは経験しないと分かりません。ですから強みとやりがいを発見するという意味でも両方の現場を経験していただいています。自発的に訪問歯科診療に興味を持ち、永く続けているスタッフは本当によく勉強しており、経験の少ない私は教わることの方が多いです。

外来の担当だったスタッフの中には、訪問歯科診療で能力を伸ばした人もいました。そうした各々の強みを見つけることは上司としての責務です。自分の手に収まる範囲でやっていると気づかなくても、院外の人たちに委ねたり、介護に長けた人と接することでその人の強みは変わってきます。自分が嫌いだからといって、他の人も嫌いだとは限りませんし、苦手だとも限りません。強みは、こういう新しい経験の中から育つものなのです。

選択肢が増えスタッフの定着率もアップ

訪問歯科診療を始めたことは、スタッフの定着率アップにもつながっています。歯科医院に訪れる患者様の年齢や性別はさまざまです。だからこそ、院内では二〇代から五〇代のスタッフをバランスよく配置する方が良いと考えています。確かに五〇代、六〇代になってくると体力も少しずつ落ちてきますが、それ以上に豊富な経験があります。そのようなスタッフの方のために、希望者には外来診療から訪問歯科診療に移るという選択肢をつくっています。

訪問歯科診療に移った歯科衛生士のスタッフの中にはコミュニケーションが非常に得意であるという強みを活かして、やりがいをより見出した方も多くいます。

グループとして大型化したことで仕事の選択肢も広がり、定着率が上がったのは確かです。宝歯会の最高齢の歯科医師は六七歳ですが、訪問歯科診療でいきいきと働いています。

人間は年齢によって能力も変わるので、そのときそのときにやりがいを感じられる仕事を用意できるのが理想的です。極端なたとえですがスポーツ選手も引退したら終わりではありません。コーチやスタッフとして働いたりします。受け皿が用意されている場合もありますが、それぞれの能力を発揮する場面で柔軟に対応するのが働き続ける秘訣です。

そう考えると事業の広域化、大型化、多角化は、スタッフの安心にもつながると言えます。

訪問歯科診療でスタッフも成長

訪問歯科診療では、それぞれのスタッフに担当の患者様がいます。ある日、訪問歯科診療チームの歯科衛生士の一人が診療中に倒れたと連絡がありました。幸い、救急車を呼ぶまでもなかったのですが、体調が悪いのに無理して出勤していたと分かりました。いつも自分を待ってくれている一人暮らしの患者様のことを思うと休めなかったと言うのです。

彼女はいつも患者様の家に行くと三〇分間、口腔ケアをするだけでなく話し相手になります。帰るとき「次は○日ね」とカレンダーに丸をつけるのですが、おばあちゃんはその日を指折り数えて待っているそうです。

「家族もなかなか電話をしてくれないそうで、ひょっとしたら一週間で私と会うときが唯一誰かと話す時間なのかもしれません。そんなおばあちゃんの顔を見て、初めて自分が誰かの役に立っていると感じたんです。だからどうしても休みたくなかった」

と彼女は電話の向こうで泣いていました。

もともと口数の少ないおとなしい女性なのですが、訪問歯科診療に通って心を通わせているうちに、そこまでの気持ちになることがあるのだなと私も胸が熱くなりました。

患者様との良い関係が生まれることにより、仕事にそこまで一生懸命になれるわけです。スタッフに働きがいを感じてもらうことは本当に大切だと改めて認識した経験でした。

やる気を起こす

人は働きがいが感じられる仕事であれば、できるだけ続けていきたいと考えるものです。

では働きがいはどんなときに生まれるのかと言えば、人の役に立っていると感じたときだと私は思います。医院で一番嬉しいのは患者様から「ありがとう」と感謝されたときです。ですからみんな「ありがとう」と言っていただけるよう努力するようになります。医院の運営が順調なところは、この「ありがとう」の機会をできるだけ多くつくろうと院長が意識していると思います。

例えばミーティングではスタッフからの報告が売上の話ばかりになっていないでしょうか。むしろ「昨日、帰りにドアを開けて差し上げたら患者様のタナカさんにありがとうと言われました」という内発的な動機に基づくふり返りの積み重ねこそが大切です。

お金を稼ぐために一生懸命働くことと、働きがいを感じながら良い仕事を一生懸命して満足のいく給料をもらうこととは意味合いが大きく違います。お金が前提の動機付けは長続きしません。

鹿児島から広島に引っ越すお金にも大変苦労した経験のある私が働き始めたころに比べると、今の若い人たちは恵まれています。特に歯学部に進むような子どもは今日のご飯が食べられるかなんて心配する経験をした人は少ないでしょう。

日本の社会や我々の業界のステージが上がっていることは事実だと思います。彼らには私が開業した当時のようにとにかく大きくなりたい、とにかく豊かになりたいという意欲もあまり感じられません。宝歯会に就職すれば、それなりの給料ももらえるし休みもあります。一番大事なのはパートナーや家族で、その人たちと暮らせるだけのお金があればいいと考える一方で、自分自身の生きがいとして社会貢献をするとか、ボランティアに参加するような若者が増えているように思います。

その中にあって訪問歯科診療は患者様に喜びを提供すると同時に、宝歯会としても大きな学びがあったと言えます。これから今まで以上に訪問歯科診療に力を入れていくつもりです。

第5章 一流企業と同じ組織図の組織を構築する

歯科医院を一流企業へと成長させる

一流企業と同じ組織図を目指す理由

おかげさまでスタッフにも恵まれ、大きなトラブルもなく、宝歯会はここまで順調に成長を果たしています。「規律の中の自由」も問題にぶつかりながらも少しずつ実現され、それぞれの現場でスタッフもいきいきと働いています。

私もこれからの宝歯会の方向性を決めていかなければいけません。

これまでの宝歯会は取締役が大きなテーブルを囲んで取り決めをするわけでもなく、ある意味、私の勘と経験で事業を進めてきたところがあります。九州を飛び出し、横浜に分院を出すと決めたのもその一つです。否が応でも創業者の私にさまざまな力が集中しています。

しかし次の世代を考えると、運営にたずさわるチームが必要です。そこで私は「意思決定者」を大勢つくりたいと考えています。将来的にトップを務める運営者は彼らの意見を聞いて運営を進める体制にするのです。そこに個人運営の小規模な事業者とは異なるものをつくり上げたいのです。

診療に付随した業務を担当する法人をMS（メディカルサービス）法人と呼びます。医療法人では行うことのできない会計業務などを委託する形で仕事を行い、税制面でも多少優遇されることから設立している歯科医院は少なくありません。

宝歯会にも多岐にわたるグループ会社がありますが、一つのMS法人もなく、全て株式会社にしている第一の理由は、それぞれが大きくなりすぎると一人では意思決定ができなくなってしまうからです。分社化して小さな株式会社をたくさんつくり、それぞれの分野のエキスパートが意思決定を行うことで一流企業のような仕組みができあがります。

意思決定者が多く在籍する一流企業のメリットは二つあります。第一に会社の成長が大きくなるということ。もう一つは意思決定の精度が高くなることです。これにより一代限りの歯科医院とは異なり永続できるようになります。チームが機能するにはある程度の時間が必要ですが「業界のベンチマークになる」というビジョンの達成のためにはやらなければならないと考えています。

仕事より家庭？

あたりまえですが、スタッフの多くは仕事より家庭を優先します。私も子どもから「どうして朝早くからそんなに働くの」と首を傾げられたことは何度もあります。仕事が忙しければそちらを優先しようと考えてきましたが、今のスタッフたちはあたりまえですがそれを苦痛に感じるようです。

そこでみんなが家族を大切にしながら、会社としても発展していくにはどうすべきかを考えた末に思い付いたのが「一流企業と同じ組織図」という枠組みです。私と同じようなスピード感で仕事をするのが無理だとすれば、大勢のスタッフの中に意思決定者を何人も置いてまとめていくのが一番良いと考えたわけです。

誤解しないでいただきたいのですが、私は一流企業という冠が欲しいわけではありません。一流企業と同様の体制の組織図をつくり上げていきたいのです。トヨタ自動車のような一流企業であり続けるには、営利を追求せざるを得ません。しかし私たちは医療従事者です。一人ひとりが

医療人であり、医療を全うしたいし、しなければならないのです
私の周囲を見回すと、事業を拡大した多くの同業者は撤退しています。おそらく運営に追われて本来の目的を見失ってしまうからでしょう。
売上の目標を置いて数字だけを追求したり、フランチャイズ方式を導入する方法もありますが、それは人を大切にするという我々の姿勢に反します。
スタッフと永く付き合うということを最も重んじる文化が崩れてしまうと、それはもう宝歯会ではありません。規律の中の自由であることや、正直・丁寧・真面目にやりましょうという文化は変えず、トップに立つ人もそれらを踏まえた同胞感の強い人であるべきです。

スタッフはキャリアよりバランス

歯科医師として三〇年生きてきた私ですから、歯科医療に対する想いなら誰にも負けないと胸を張れます。ホワイトニングを希望される若い患者様であれば、親と同世代より若い医師の方が話しやすいというのも事実です。これから健康な患者様がターゲットの中心になりＡＩが発達すれば、必ずしもキャリアの長い医師が求められるわけではなくなるでしょう。そのように考え

ると五〇代が三人、六〇代が一人の体制より、二〇代、三〇代、四〇代、五〇代とバランスよく一人ずついる歯科医院の方が広く患者様から支持されると思います。

意思決定者と現場の医師は分ける

運営は目の前のことだけではなく、一年、二年、あるいは五年先のことを考え、目標を立て、未来から現在を見る能力が必要です。分院長らには面談で組織の構築について意見を求めることがありますが、私が期待しているような意見を出してくれることはあまりありません。せいぜい来月、半年後はこうしますと言うのが精一杯で、来年の見通しを語る分院長はあまりいません。

でも実は、そういうことを現場の分院長やスタッフに求めるのは酷なのです。歯科医師は本来、患者様に対し治療をすることが大好きで精一杯なのです。そこで三年後、五年後の将来を考えて計画する人と、現場で治療するスタッフとを分けようと私は考えました。それが現場と運営を分けるということです。

二〇二三年は、ＧＡＦＡと呼ばれる米国ＩＴ企業大手四社が大幅な減収減益となりました。あれだけ大きな企業であっても、コロナやインフレに伴う外部環境の変化に対応できなかったわけです。それを思うと少しずつ医院を増やし、スタッフを増やそうとしている今、私たちも先を見通す人と現場を統率していく人を分けた体制を確立していくことが大切です。

幸せ感のある生き方とは

私は貧乏な状況から脱して少しでも家族と一緒に楽しく暮らしたいという気持ちで懸命に働き、おかげさまでグループもある程度の形になりました。一方で第3章で触れたように、仕事を優先し子どもたちに関わる時間が圧倒的に少なかったことは、今でも人生最大の後悔です。

それもあって今は、会社の成長が少し低速したとしても家族と笑って暮らす幸せ感の強い人が大勢働いている方が良いと考えるようになりました。私も孫を持つようになり、自分の子どもが孫と楽しそうに話している姿は本当に幸せそうです。「親父のような働き方はしたくない」と言われるとちょっと寂しい気もしますが、それで良いのだと思います。仕事はきちんとやっているし、幸福を感じる場面が私とは違うのだと思います。

そうした傾向は時代の流れなのか、他の企業の若い社員も一番の関心事は会社の行く末より家族やプライベートであるようです。しかしそれは決してマイナスではなく、逆に日常に幸せ感の少ない人は事業も長続きしないのではないかと最近は考えるようになりました。

その幸せ感を獲得するためのポイントが、意思決定者の多い一流企業と同じような組織をつくることです。「患者様と永く、スタッフと永く、地域の皆様と深く永くお付き合いをする」という宝歯会のミッションをしっかり共有する意思決定者が育つのであれば、後継者である人にもそのまま医療現場を離れてほしくありません。

医院の評価につながる幸せ感

医院の評価もまた売上だけではなく、患者様の満足感、スタッフの働きがいや、幸せ感にあります。

患者様の多くは好んでドクターショッピングをしたいわけでなく、頼りになる歯科医師やスタッフにずっと診てもらえば安心だと考えています。スタッフもまた顔見知りの患者様に通っていただき「こんにちは」と挨拶し合えるような関係であれば、気持ちよく働き続けられるでしょう。

次から次へと新規患者様の獲得に必死になる必要はありませんし、周りの歯科医院と競争する必要もありません。あたりまえのことを正直、丁寧、真面目にやってさえいれば、ずっと通っていただけるはずです。痛みがなくてもメンテナンスにいらっしゃるだろうし、高齢になれば訪問歯科診療を利用されて永いお付き合いになります。

第二章でも触れましたが、スタッフも同様です。六〇歳になってもほとんどの方は、働き続けたいと考えます。仮に年齢を重ねた歯科衛生士が限界を感じたとしても、宝歯会には今までの経験を活かせる訪問歯科診療や介護の分野で活躍する道があります。それがスタッフとの永いお付き合いなのです。

ライフステージによって能力を発揮できる現場は違います。年齢、性別などライフステージに合わせた仕事を準備することは、グループとして非常に大切です。

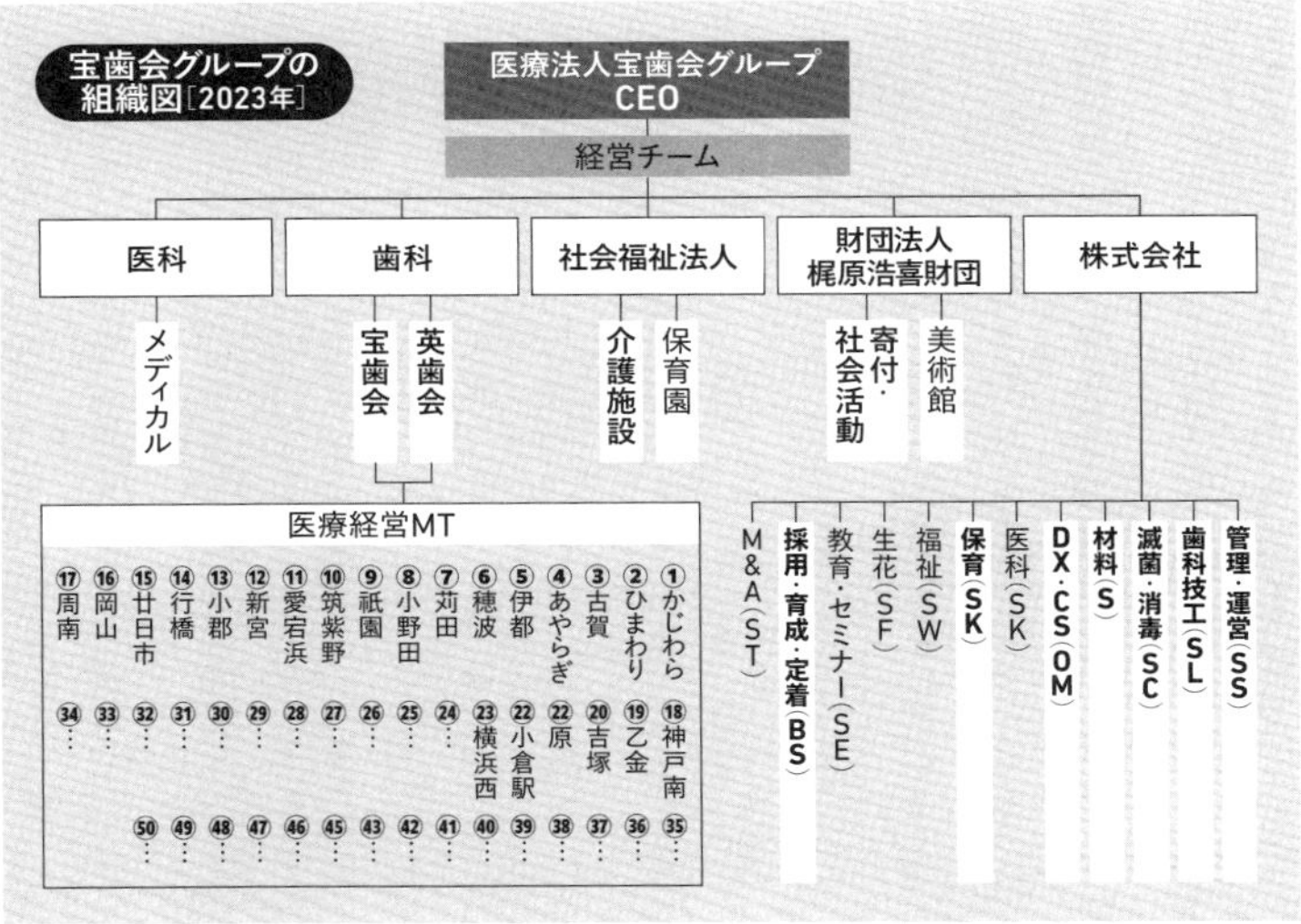

そしてこうした患者様と永く、スタッフとも永くお付き合いするという宝歯会のミッションを支えるのが、一流企業にならった組織図なのです。

スタッフと永く――組織の構築

意思決定者を増やすこと、すなわち主義主張を同じくする同胞感の強い人を増やすことはビジネスの根幹です。孤軍奮闘してもできることは限られています。

ですからスタッフを増やし、意思決定者を増やし、助言しながら彼らの希望をかなえてあげて、その結果売上が上がるというのが、もしかするとこの業界の理想かもしれません。会社の将来のために周りに人が増えることは非常に大切です。会社がたくさんあれば倒産リスクも少なくなります。

専門化させ分社化させていく発想は、とある上場企業の創業者から学びました。ある日、その方が

「三菱ＵＦＪ銀行の頭取の名前を知らんだろう。だけど三菱ＵＦＪ銀行の名前を知らん人はいないぞ。それが会社の性格というものだよ。ところが梶原のことを知らない人はいないのに宝歯

会を知らない人がいる。そこは逆だろ」

とおっしゃったのを聞き、はっとしました。永いお付き合いをミッションとする会社として、まだ一人前ではないのだと気づかされたのです。

そこで私がいなくてもみんなが永く働き続けられ、患者様や地域の皆さまと永いお付き合いをしていくためには何をすべきか考えました。それがまずは、「規律の中の自由」の文化の定着と専門事業を分社化させ、意思決定者を増やし、一流企業にならった組織図をつくることだったわけです。

意思決定者は、決定権を持つ人とも言い換えられます。宝歯会グループでは、分院長に歯科材料なども自由に選ばせています。誰にも得意な治療、苦手な治療があるので歯科材料まで全部均一にする必要はないと考えています。私もボールペンで書き慣れているのに、万年筆にしなさいと言われたらストレスになるでしょう。

確かに同じものをそろえるよりコストはかかります。それに歯科医療機器はケタ違いに高いので「本当にそれが必要か？」と喉まで声が出そうになるときもありますが、そうであっても本人の決定権を優先したい、決定権を与えられる人を増やしていきたいのです。

歯科医療の面白さが弊害に？

個人の開業医を主体に考えて法が整備されている日本では、医療は利益追求行為ではないという姿勢が基本です。ですから私の考える体制づくりも、ホールディングカンパニーのイメージで捉えられるとなかなか理解が得られません。

しかし分社化をして多数の人で意思決定をしていく体制づくりに際し乗り越えるべき要因は、外部に存在するわけではありません。むしろ最大の壁は、歯科医師です。宝歯会に残っていただいている歯科医師は、治療以外の問題で意思決定をするより患者様とお話して治療することを考えていたいタイプが多いのです。

一人ひとり歯の形も違えば口の中の様子も違う歯科医療は、学ぶ領域も多く常に大変刺激的です。私も発生学の外胚葉性間葉という領域の歯科医学に非常に興味があります。今でも口腔組織学の本を読んでいることが多いです。得意だから面白くなり、面白くなったら熱中します。おそらく他の歯科医師もそうだと思いますが、いったんのめり込むと数字の計算どころではなくなるのです。私にとって、何より生きがいや幸せ感につながるのが、歯科医療です。

例えばインプラントを埋入《まいにゅう》した後に、ポーセレンという陶器の冠をかぶせます。そのときに私はポーセレンの立ち上がりを三〇度にするか四〇度にするかで非常に迷います。インプラントをした際、隣の歯との間の歯肉がじわじわと上がってきて隙間をふさぐことをクリーピングと呼びますが、ポーセレンの角度によってそれが決まるからです。患者様はそんな細かいところまで関心がないかもしれませんが、私たちはそこで悩むのが好きで、そこに働きがい、生きがいを見いだしているのです。「梶原先生にやっていただくと食べたものが詰まらないですね」と言われたりすれば、私としては「やった！」という気持ちになるわけです。

内臓などの病気と比較して、口腔内の疾患は生死に直結しないと言われることがあります。しかし歯は大切な体の一部であり、何より生きがいや幸せ感に大きくつながります。「歯を整えたら人前で笑えるようになりました」とか「治療しておいしくごはんが食べられるようになりました」という喜びの声をいただける仕事なのです。

そうした喜びを知ると、ますます歯科医療に集中して、グループに残り歯科医師として全うしたいという方が増えてきます。実家が歯科医院のご両親からお預かりしている歯科医師の中には「早く家に帰って稼業を継ぎなさい」と背中を押しても、「いやぁ……」と苦笑いしながらなかなか次のステップに進まない人もいます。おそらく運営のことを考えるのが苦手なのでしょう。

このように運営者的な発想を持つ人は、なかなか現場から出てきにくい状況があります。しかし、現場のことを深く知る歯科医師でなければ、やはり我々の業界のリーダーは務まりません。職人気質であるだけに、指示するスタッフにも正確な歯科能力を求めるのですが、ここが大きな問題です。無理やり勉強を強いれば、結局、家族と過ごす時間やプライベートな部分が減ってしまいます。そこまで求めることもまた今の人には理解されにくいでしょう。

どうして歯医者さんが経営を？

地元の銀行が主催する賀詞交歓会に出席すると「どうして歯医者さんが来られているんですか」と首を傾げる方がいます。優秀経営者賞という賞をいただいたときも「なぜ歯医者さんが？」との声が聞こえてきました。

「どうして歯医者さんが」はよく耳にする言葉です。そのつど「まだ頑張って歯科医師もやってるんです」と冗談交じりに返すのですが、世の中の歯科医師に対する認識はその程度なのだと思うと悲しくもなります。

そういうとき、やはり一流企業の組織をつくらなければと強く思います。このままでは歯科医師になりたい人も増えませんし、すでに歯科医師として働いている人も不安です。これまで大学卒業後は、大学に残るか、開業するか、公的機関に勤めるかという選択しかありませんでした。しかし開業にも大変なコストとリスクがあります。今後は時代が変化し、第三の受け皿として宝歯会のようなグループが必要になると考えています。

国の財政状況を見ると、健康保険制度が手厚くなるとは考えにくいです。保険で提供できる範囲が狭められたとき、多くの歯科医院は運営が苦しくなると思います。そういうときに我々のグループであれば、何らかのサービスを提供する方法を見つけ、実践出来るかもしれません。特にSDGsに対する意識が問われる今、持続可能な社会の課題に対して積極的な取り組みが求められています。そんなとき、我々だからこそできることは必ずあるはずです。

DXに対応する新会社オープンマインド

宝歯会には第三章で紹介したように、さまざまなグループ会社があります。グループ内で最も新しい会社が、二〇二三年六月に設立したDXに対応するオープンマインドです。

IT関連の業務を担当する会社で、ホームページやSNSを利用した情報発信を行い、これまで電話で受けていた予約もインターネットを介して行えるように体制を整え、コールセンターも設置しました。

設立の理由は三つあります。一つは情報発信・情報共有。二つ目に人材確保が難しくなる時代に対応すること、三つ目はきちんとクレームを受ける窓口を設けるということです。

第一の情報発信は世間一般、患者様はもとよりスタッフにも内外に向けて発信を行っていくという考え方で進めます。

また、周りに人を増やすことが難しくなる時代に対応するため、自動精算機などを導入し、コールセンターでアポイントをとり専門部署が担当することで、三人体制だった受付は二人になります。時間によっては一人でも足りるかもしれません。

デジタル化は他の部署でも人手不足を補います。現在、会計業務など事務作業を担当するスマイルサポートは二十数人でも足りないと思っているので、今後は外部の会社と協力体制を整えるようにしたいと考えています。

クレームゼロは有り得ない

広域化、大型化してくると患者様の声が届きにくくなります。だからアポイントだけでなく、クレームを受け入れるコールセンターの役割は大切です。患者様第一とは患者様のことを第一に考え、ご希望を叶えてさしあげることです。だからこそクレームには真摯に耳を傾け、すぐさま改善していくべきです。ですから私はクレームを受けたら即報告、即座に対応、三日以内に今後の対応策を報告しなさいと言ってきました。その結果これだけ大勢の患者様がおいでになっているにもかかわらず、良い話は耳にしてもクレームは耳に入ってきにくい現状があります。

しかし果たしてクレームがゼロなどということはあるでしょうか。普段の診療でもときどき釈然としない表情でお帰りになる方はいらっしゃいます。以前ミーティングで「クレームをゼロにしたい」と発言したスタッフがいたので

「何を言ってるんだ。クレームがゼロというのはクレームへの関心が低くなっているか、隠蔽しているかということと同じことだぞ」

と叱りました。

分院からのクレームゼロ報告には、規律の中の自由のデメリットが表れています。分院長にかなりの権限を委譲している現在、各医院はそれぞれ独立国のようなものです。ですから自分の国のトップに対するクレームをわざわざ私のところに報告してくることは考えにくいのです。しかしそうなると患者様にはもちろん、クレームとなる事案を起こしたスタッフにも宝歯会にも良い

影響はありません。ですから誰かを責めたいのではなく、改善のためにクレームを無視したくないのです。

今後は待合室にコールセンターがあることを案内し、診察券の裏にもコールセンターに誘導するQRコードなどをつけて、見えなかったクレームを浮上してくるようにしたいと思っています。その結果、患者様に対するサービスは向上し再診率も上がり、患者様と永くお付き合い出来るようになります。そして、グループ全体の歯科のエキスパートとしての完成度も高くなるはずです。

DX化が歯科の世界に与える影響

以前の世の中には専門家しか知らない情報がたくさんありました。しかし現在はインターネットで調べれば、誰でもさまざまな専門的な情報にたどり着くことができます。歯科医療の世界も例外ではなく、患者様の中には治療方法や薬の名前など驚くほど知識をお持ちの方もいらっしゃいます。そこまでではなくとも、情報に関して医療を提供する側が一方的優位でないことは明らかです。

またランキング社会になり、医療機関も宣伝合戦になっています。宝歯会でもインターネットで調べておいでになる方が増えましたが、知り合いの紹介でという方もまだまだ多いですし、私の書籍を読んで足を運んでくださる方もいらっしゃいます。そのうち途中で治療を中断してしまう割合が高いのは検索でいらした方です。考えていたのと違ったとしてメンテナンスに移行しないとか、途中で他の歯科医院に替えてしまうといった具合に永いお付き合いになりにくいのです。逆にどういう医院か理解されている方の場合、途中で辞める可能性は少なくなっていきます。

インターネットの情報はターゲットを絞りきれていないため、読んだ人は自分がこうあってほしい理想の歯科医院に変換してしまいます。それで話と違うじゃないかと幻滅の度合いも大きいのではないかと思います。

情報は受け取り方次第です。企業として情報発信、インターネット対応は必須ですが、基本は人と人であるという私の考え方に変わりはありません。今までのことを変える必要はありますが、変えてはいけないことを変えない勇気も大切だと思います。

DX人材も人間力重視

オープンマインドにはITに精通したスタッフに入社していただいています。彼らにはまず歯科医療という特殊な世界を理解してもらうために歯科医院の現場で働いてもらいます。

採用するときに人間力を重視するという点は、ＤＸ関係のスタッフであっても歯科衛生士であっても変わりません。

ＤＸ人材採用のポイントは、人間力の高い方をいかに集めるかだと思っています。特に三〇歳過ぎてから人間の本質を変えるのは難しいものです。ですからどんなに素晴らしい経歴をお持ちの方でも人間的にどうなんだろうと感じるところがあれば、将来的に同胞感を持てるか、心配で採用を遠慮させていただいています。

介護・保育・運動分野への進出

現在、計画しているのが介護や保育事業への本格的な進出です。患者様やスタッフと永いお付き合いをと考えると、この分野への進出は必須です。産休のスタッフがカムバックできるようにお子様を預かる保育園や幼稚園を計画していますが、前段階として保育関連の事業所に延長保育や、保育料の優遇を打診しています。会社として多少の費用がかかりますが、スタッフはもちろん、患者様のためにもメリットはあります。

上｜小倉本部
（北九州市小倉北区京町2-7-8 小倉ビル1F）
下｜小倉駅スマイル歯科医院
（北九州市小倉北区京町2-4-27 KDビル2F）

ただ少子高齢化で経済見通しも暗い中で、国の施策と関わる事業がグループ内にたくさんあることは危険だとも考えています。

本部移転と新たな挑戦

最近、北九州の玄関口であり、中心でもある小倉駅の正面にグループのさまざまな機能を移転しました。北九州最大の駅前の象徴的な場所にグループの会社が数社あることはスタッフの誇りにもなると考えてのことです。

自分の仕事や自分の職場に誇りを持つということは非常に大切なことだと思います。

小倉駅前の分院では最終的には七〜八割がケア、メンテナンスの患者様になることを想定しています。歯科と聞けば今はまだドリルホリゾンと呼ばれる歯を削るイメージをお持ちの方が多いでしょう。しかしこれからはいかに健康な人に対してアプローチが上手くできて支持されるかが非常に重要です。健康な人、高齢者、子どももそれぞれに対する考え方を明確にして、みんなが通院し続ける歯科医院として成功するように頑張るつもりです。

またグループとしては私が新たに法人を立ち上げて一から始めるのではなく、既存の歯科医院と協力して一緒に未来を開拓していく方法もあると思っています。一流企業の組織図をつくる過程では、スピード感を持って構築するためにそういう可能性も今後、視野に入れたいと思っています。

院長の気配り

トップに立つ人間の最も重要なポイントは、一緒に働く歯科医師やスタッフを理解することです。大切な家族や付き合っている人たちとの関係の重要性を理解して仕事ができるかどうかです。

私も少しずつですがグループが大きくなっているからこそ、同胞感を持てるスタッフ一人ひとりの存在は忘れてはいけないと意識しています。人数が増えたので、昔と違って話す時間がなくなったという言い訳は通用しません。

千人、二千人になったときにもスタッフに関心を示せるでしょうか。スタッフの大切な方が亡くなったのに知らなかったなんてとんでもありません。それもあって毎日絶対に報告しなさいと口を酸っぱくしているのは、欠勤、早退しているスタッフはいなかったか、またはスタッフの御家族にご不幸事はなかったか、この二つです。

不幸事があればお悔やみが必要だし、欠勤や早退には「どうした？　大丈夫か」とひと声かけなければいけません。どこの分院も少数体制ですから、一人休んだらすぐ手が足りなくなることもあります。

トップは同胞感を持ちながら、そこまで気を配れる人でなければ難しいと思います。だからこそ、分院長は大変ですがやりがいもあると思います。

私はボスではありませんし、私の姿勢を押しつける教祖でもありません。むしろ意思決定者をたくさんつくり、グループが大きくなっても同じ考えの下で同胞感を持って働くことを伝えるという意味では宣教師のようなイメージです。法律を決め、勝手に法律を変えるような人間になってしまってはだめです。私も規律は守らなければいけないし、公私混同するようなことはもってのの他です。

朝礼で、そして分院ミーティングで意識を育てる

トップに立つ人間がみんなの信頼感を得るには、何を考えどんなふうに生きているのかを語り、共感してもらうことが大切ではないかと思っています。「大切な人を知る、大切な人を大切にする、大切な人の大切な人はもっと大切にする」というのが私個人のミッションです。社長だから、理事長だからと上の方にお高く止まって格好をつけていてはだめです。人間を信用し、周りに人が増えなければ、会社は成長できません。

宝歯会のウェブサイトで一番アクセスが多いのは「今週の朝礼」です。プライベートの出来事を含め毎日あった出来事や考えを話しているので、文字になると恥ずかしいなと思うときもあるのですが、スタッフが掲載を提案してくれて人気コンテンツとなっています。

院内の朝礼では「院訓」を唱和し、スタッフが昨日褒められたことや感謝したことなどを発表します。私は世の中の動きを報せるために、日経新聞の記事をピックアップして話します。歯科医師は歯肉の角度には執着しても経済ニュースには無頓着だったりするのです。経済や政治の動きあるいは人間関係の

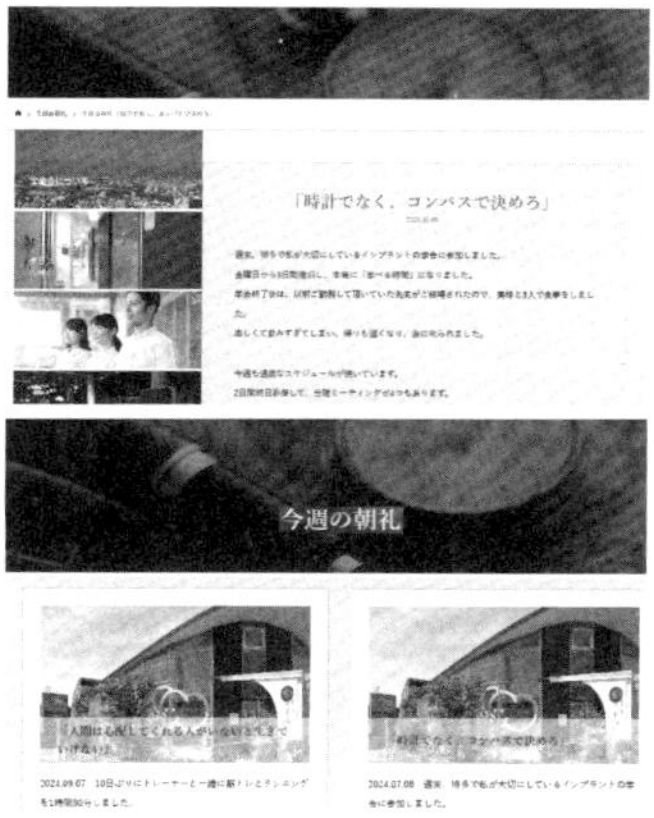

宝歯会ウェブサイトの「今週の朝礼」ページ

ことなどを意識的に伝えないと、歯科医院のスタッフたちは考える場が少ないのです。世の中との関心がずれてしまえば事業も人生もうまくいきません。朝礼を通じて、未来を担うスタッフには世の中の動きに対してアンテナの感度を高めて、世の中の多くの人と同じ関心を示してほしいと思います。

トップに求められる有言実行

永く勤めているスタッフがいることにより、事業は多様化して強力になります。二〇年勤めている歯科衛生士には何百人かの患者様がついていることになるでしょう。仮にその人が退職したら、通うのを辞めようと考える患者様もいるわけです。

人を大切にして、永く勤める人が多い会社は自然に強くなっていきます。松下幸之助氏がおっしゃった「あたりまえのことをして、やるべきことをやれば自然に商売や経営は上手くいく」というのは、こういうことなのかもしれません。

言われてみれば、事業には働きがいを感じることをあたりまえにやれば広がっていくという側面があるのかもしれません。五〇歳には五〇歳なりの経験値があるし、六〇歳には六〇歳の能力があります。働きやすい環境があれば、彼らは自分で仕事をつくるでしょう。会社が大きくなれば、どんな仕事をしているのかトップもチェックできません。そして、そこまでする必要もありません。

むしろ大切なのは、私が言ったことを私が実行しているかどうかなのです。スタッフの方が私を見ているし、私が有言実行であればみんな真似をすると思います。

みんなに守ってほしいことは、宝歯会の理事長として大切にしていることとして発言しています。私が大切にしている考え方をよく分かってくれている人が周りにたくさんいることが、大切な考え方が広がっているということを表します。

社会に出る前にやるべき三つのこと

先ごろ、社会人になる学生に向けた講演を頼まれました。大学側は就活などで活用できるハウツーを期待されたようですが、履歴書の書き方や面接時に大切なことはインターネットで調べれば、いくらでも見つかります。そこで社会に出る前にやるべき三つのことというテーマで話をしたところ好評でした。

一つ目にやるべきことは第三章でも触れたように、「未来から今を考えてください」ということです。歯科医師として五年後、一〇年後、どこで誰と何をしているのかを考えることは非常に大切だと思っています。

二つ目は「大学を卒業したから社会人ではありません。社会に貢献してこそ社会人です」ということです。歯科医院に勤めることに限らず、大学で研究するのもいいし、役所のような公的な機関でもいい。どんな形でも構いませんが貢献できる場所を考えなければいけません。

三つ目に特に重要なこととして「自分の大切な人は誰なのか考えてみよう」と呼びかけました。大切な人は恋人でも家族でも構いませんが、私は「お父さん、どうしたらいい？」と息子が進路に悩んで相談してきたとき、「自分でまず考えてみなさい」と突き放してしまった自分のエピソードを話しました。本当は一緒に考えたかったのにあれは人生最大の後悔の一つです。だから「将来を決めるなら絶対に親と、そして大切な方としっかり時間をとってお話ししなさい」とアドバイスしています。その時は「対面でもオンラインでも良いので将来について親に、相談した人は私にメールをください。私の著作と専門書を二種類送ります」と言ったところ、八人から連絡がありました。

これまで私はたくさんの方と面談してきました。だからこそ、社会人として一歩を踏み出す彼らには、いつもこの三つを念頭に置いていただきたいと思いながら話をしています。

業界のベンチマークになる

繰り返しになりますが、我々が目指すのは歯科業界のベンチマークであり、言い換えれば我々が歯科業界で最も支持されるグループになるということです。我々のビジョン「患者様と永く、スタッフと永く、地域の皆様と深く永くお付き合いする」を実現することで日本中の歯科医師に知られ、支持されるようになること、そして我々の考えに共感していただく歯科医師を増やしていくことが、患者様の利益、スタッフの利益、さらには国民の皆様の利益につながると考えています。

第6章

社会性の高いグループを目指す

公益財団法人、美術館を設立し、業界のベンチマークを目指す

若者の期待に応える社会貢献と誇り

何か事件が起きたり意見の相違があったりすると、「だから今の若い人は」とつい言いたくなります。私も若い世代の価値観に驚かされることはありますが、頭ごなしに否定はしません。基本的に優しい方が多いとも感じています。

特にこの業界には親も歯科医師だという方も少なくありません。それなりの学費も払える家庭で、おそらく何不自由なく育ったのではないでしょうか。私の若いころに比べると欲はありませんが、少なくとも宝歯会に来る人たちは「社会にどう貢献するか」を意識しているように見えます。

家族第一、パートナー第一でありながら、決して自分たちだけが良ければと考えるのではない純粋さを感じるのです。

彼らは会社が、そして自分の仕事が、人や社会の役に立つことを強く希望しています。「宝歯会として寄付しました」と話すと「どんなところに寄付されたんですか」と金額よりも使い道に関心を示します。ですから「〇〇大学に寄付したところ教室に新しい機械を購入することができました」と、できるだけ具体的に伝えるようにしています。最寄りの大学や福祉施設にも定期的に寄付をしていますが、多くのスタッフにとって縁のある学校だけに嬉しいようです。

また大学から相談を受け、コロナ禍でアルバイト先を失った先生を「うちで引き受けましょう」と雇い入れたこともあります。当時はそれほど人手が必要だったわけではないのですが、感謝されただけでなく、患者様が増えてきた今、彼らが戦力になっています。

働きがいに加え、こうした目に見える形での社会への貢献は宝歯会で働くスタッフの誇りにもつながります。

一生懸命働いて「ありがとう」とお礼を言われたり、誰かの役に立っていると実感したりする機会は若い人にとって今後、何より重要になるでしょう。私が故郷から北九州市中心部の小倉駅前に本部を移したのも、よく買物に行くあそこだねと誰でも知っている場所だからです。それによって、自分の会社や社会に対する誇りを持てる、そして自尊心を高めることになるはずです。

お金はクリーンに

有益なお金の使い方を望む彼らには、運営者自らお金にクリーンであることを示す態度も必要です。私の自家用車は外国車です。それに対し文句を言う人は誰もいません。でも仮に私がコンビニエンスストアでランチを買った領収書を会社名義でもらっているのを見つけたら、がっかりして辞めるスタッフも出てくるでしょう。それにより、リーダーであるべき人は「お金に対して公私混同だけはしない」と強く認識する必要があると考えてのことです。

社会貢献とは、こうした透明性と緊密に結びついています。お金にクリーンでなければ、寄付しても何の意味もありません。

家族旅行に病院のガソリン代を使ってはいけないことは、誰でも知っていますが、自営業の場合、ともすればその線引きが曖昧になりがちです。ただ会社の場合は経理が眼を光らせていますから基本的に間違いは起こりません。

私は信頼しているスタッフには予算を預けていますが、使い道の基準は「部下が同じことをしても許せるかどうか」だと釘をさすのも、お金に対してクリーンであってほしいと願うからです。多大な社会貢献をされてきた稲盛和夫氏は、ＫＤＤＩの前身「第二電電」を創業された際、ご自身のサラリーと線引きして会社の株を持たなかったそうです。これもおそらくお金にはクリーンでなければいけないとの意識をお持ちだったからだと思います。

訪問歯科診療のパイオニアとしての貢献

コンビニと同じくらい歯科医院の数があると揶揄されることがあります。しかし、世の中の人が考えている以上に歯学部を取り巻く状況には厳しいものがあります。医学部に比べ歯学部のマーケットはおそらく一〇分の一から二〇分の一です。医療・薬品関係の業者の目も自然にそちらに向いていています。

その上、国からの交付金や研究費が削減されている状況もあるので、「もう少し資金があれば……」と研究者、研究機関から相談を受けることがあります。このまま研究の環境が先細りになれば素晴らしい頭脳を活かせないし、優れた技術開発も期待できません。そうなれば歯科業界も停滞し負の連鎖になります。そこで彼らの研究や生活を支援するという意味でも大学に少しばかり研究費を支援させていただいています。

こうした金銭面、人的支援以外の貢献としては、訪問歯科診療の疫学的データ提供があります。一〇人、二〇人単位ではない分母の大きいデータはほとんどない状況なので、研究機関には喜んでいただいています。

提供したデータには、例えば定期的に口腔ケアを行っている患者様の人数の推移や施設毎の口腔ケアを行っている方の割合等があります。

歴史の浅い訪問歯科診療での実績を積み重ねデータの活用を促していくことは、間違いなく有意義です。私は今後も意識的にデータを収集して少しでも業界に、そして社会に役立てたいと思っています。

SDGsへの貢献――ジェンダーの平等

近年ＳＤＧｓに対する貢献は、企業価値をはかる一つの尺度になりました。宝歯会も二〇二二年にＳＤＧｓ北九州登録事業者に認定されています。意識してアピールしてはいませんが、若い世代にはＳＤＧｓに貢献しているかどうかを評価して就職先を決める人もいるようです。

ＳＤＧｓの一七の目標のうち宝歯会が最も重視しているのは「５　ジェンダー平等を実現しよう」です。八割以上を占める女性スタッフがのびのび働ける職場にしなければ宝歯会に未来はありません。女性が働き続けられる環境を整えつつありますが、いまだに結婚、出産、育児は働き続けるためのハードルになっています。休んだら迷惑をかけるのではないか、復帰してもついていけないのではないかと心配して二の足を踏んでしまう人もいます。

我々のグループには二〇年以上勤めている歯科衛生士が数名います。彼女たちは入社した後に結婚、産休と育休を何回か取得してまた現場に戻ってきてくれています。いつでも復帰できるような体制を整え、彼女たちのようなやる気のある人に働き続けてもらわなければ歯科業界に未来はありません。女性院長や女性チーフの育成も課題です。パートタイムの中にもいる優秀なスタッフに活躍してもらえるよう支援することは、宝歯会だけでなく歯科業界にとっても必要不可欠だと考えています。

産休や育休を取りながら、あるいは六〇歳を過ぎても一般企業と同じように勤められますよと言える環境を整えたのは、今の社会ではあたりまえのことであるからです。またＳＤＧｓ「８　働きがいも経済成長も」に当てはまるように頑張ることが、業界のベンチマークになることにつながり、歯科業界に対する貢献だと言えるかもしれません。

一般財団法人の立ち上げ

宝歯会は社会貢献が少しできるようになりました。六〇歳という節目の年、私はちょっと立ち止まって将来に思いを馳せてみました。いずれ業界のベンチマークになるグループを実現する。手を離れた子どもたちにも何か残せそうだ。さてここから何をすべきなのだろうかと。

ずっと頭にあったのは、社会に尽くしてこられた稲盛和夫氏の姿です。稲盛氏は私財を投じて「稲盛財団」を設立されましたが、私も同じ形で貢献できないだろうかと思い、妻に相談したところ「一緒に何かできるんじゃないの」と快諾してくれました。こうして二〇二一年に立ち上げたのが「一般財団法人　梶原浩喜財団」です。最初は手元にある少しばかりの余剰金を投資して企業活動につなげていこうかとも考えましたが、世の中のために何かしたいとの気持ちで妻と財団法人を設立することで一致しました。

財団の目的は次の三つです。

一、歯科医療の分野で意欲ある研究者を支援すると共に、地域医療に必要な人材を育成すること

二、子どもの食生活向上に努めること

三、美術展を開催することにより起業家を育てること

特に研究者の支援については、研究者をまとめるほどの規模ではないので、現在は依頼があったときにわずかですが寄付をさせていただいています。全体から見ればささやかなものですが、「研究がはかどりました」とお礼を言われると照れくさいような嬉しいような気持ちになります。

今後もおおげさなことはせず、夫婦二人でできることをやっていこうと決めています。美術についても二人とも絵が好きだったので、手元にある何枚かの絵を活用して、地域に貢献したいと考えています。

私自身初めての経験であり、日々勉強です。私にとって財団活動は決して仕事ではありません。やはり優先順位の第一位は業界のベンチマークになる歯科医療グループをつくることです。そして、患者様、スタッフを大切にすることです。

財団を設立したことによる身近な人たちへの影響はまだこれからだと思いますが後継者たちには少しのレガシーになるでしょう。少しでも世の中のためになればと思うことをやっていくことが財団をつくった意義でもあります。決して大きな規模ではありませんが、将来は公益財団法人

に発展できればと考えています。そうすればもっと公益的な仕事ができるようになります。ただ私はあくまで歯科医師であり理事長です。急ごうとは考えていません。

また、財団の運営に対する周囲の目には厳しいものがあります。宝歯会の理事長と財団の運営者との間にはきちんと線引きして、公私混同のないように長期的な視点に立って計画をたてています。

利他のこころが社会貢献に

私が財団法人を立ち上げるきっかけとなった稲盛和夫氏の「稲盛財団」は、一九八五年に「京都賞」を創設しました。「京都賞」は科学や先端技術、思想・芸術の分野に大きく貢献した方々に贈られる日本発の国際賞で、「人のため、世のために役立つことをなすことが、人間として最高の行為である」という理念に基づき設立された稲盛財団の中心となる取り組みです。科学者や研究者はもとより、過去には安藤忠雄氏、三宅一生氏、ミュージシャンのセシル・テイラー氏が受賞するなど国籍を問わず実に幅広いジャンルから選び顕彰しています。

「私はもっともっとノーベル賞みたいに称える賞をやりたいのですが、財力もないし時間もありません。皆さんには何ができますか」

と、稲盛氏は盛和塾の講演で呼びかけられました。そして「もっと早くやっておけばよかった」と後悔されている姿にもらい泣きされている方もいらっしゃいました。あれほど社会にも会社にも貢献されてきた方がそのような気持ちになるのかと、私はとても驚いたものです。

私の尊敬する稲盛氏も大前研一氏も小宮一慶氏も利他の精神を持つ方です。他人の幸せを考え、面倒を見ようとするこうした姿勢は社会貢献の第一歩であると思います。

例えば鹿児島大学の卒業生である稲盛氏は母校の教育・研究の充実、発展のためにさまざまな形で貢献され、稲盛アカデミー、稲盛記念館とその名前はさまざまな団体や施設に継承されています。

私の財団は妻と二人で運営していくことから自分の名前を付けました。個人と法人との両方の性格を併せ持つ運営をしていきますが、基本的に私と妻のライフワークという位置づけです。

美術館でイメージを喚起する

美術館には何かと縁があり、私が大学時代を過ごした鹿児島も近くに鹿児島市立美術館がありました。また最初に勤めた歯科医院も広島市立美術館まで歩いて五分ほどのところにあり、昼休みにコーヒーを飲みに行ったり、展覧会が開かれたときには月に二、三回と足を運んだりしていました。

そして私は美術が好きなのはもちろんですが、美術館という空間のファンです。誰からも話しかけられることがない美術館は、ものを考えるにはぴったりで脳が活性化するのを感じます。たまに私と同じように絵を観るでもなく行ったり来たりしている人を見かけますが、やはり一人で考える時間が欲しいのかもしれません。企業の戦略には将来のイメージが大切ですが、美術館はそうした将来のイメージが喚起される場所でもあります。

バンクシーとの出会い

数年前、たまたま尊敬する方に勧められて、何の知識もなく購入したのがバンクシーの「ラブ・ラット」です。サザビーズのオークションで落札が決まった瞬間に断裁が始まって世界中に衝撃が走った二〇一八年のシュレッダー事件より前の話で、価格も現在のように高額ではなく、一般的なものでした。

なぜこんな絵を描いたのだろうとインターネットで調べても、まだ詳しい情報も見つかりませんでした。「こういう人の絵をコツコツ集めていったらどうだろう」「本人も喜ぶのではないか」と妻と話していたほどで、これほど知られるようになるとは予想しませんでした。

私は絵画コレクターではありませんし、まして投資が目的でもありません。ただバンクシーについては一〇年かけて五〇点ほどを収集しました。調べれば調べるほどもっと勉強したくなるアーティストだったからです。

バンクシーの作品や記事は、その真偽を吟味しなければいけません。それが楽しくて洋書を含め書籍もたくさん買いました。またさまざまなエピソードを知るうちに、結果として俗に言うアート・テロリストなどではなく、純粋にアーティストであり、また起業家であることを確信しました。

こうして正体不明のアーティストに強く惹かれた私は、バンクシーが現在は故郷に戻り一人で絵を描いているのだろうか、奥様や子どもたちなど愛する人に囲まれているだろうかと、その暮らしにもさまざまに想像を膨らませています。

バンクシー「ラブ・ラット」

上｜バンクシー「ナパーム」
下｜バンクシー「フラワー・スロワー」
東大阪市民美術センターでの展示風景
撮影：高野友美

バンクシーとは？

ここで改めてバンクシーについて私なりに解説させていただきます。

世界中の都市の壁、橋などを舞台に神出鬼没な活動を行うアーティスト、バンクシーは、本名、年齢、素顔も未だ謎のままです。

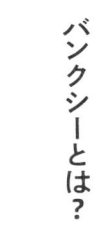

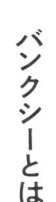

ただイギリスのブリストル出身だと言われ、一九九〇年代後半からグラフィティと呼ばれるスプレーで描いたストリートアートの活動をしています。カウンター・カルチャーとして一つの勢力を持つストリートアートの中でも、バンクシーは反資本主義や反権力を感じさせるメッセージ色の強いグラフィティが特徴です。

例えば代表作の一つ、男が石や火炎瓶の代わりに花を投げようとしている「フラワー・スロワー」からは、武力に対し武器で応戦するのではなく平和的手段で変革を達成しなければならないとの姿勢が感じられます。また少女がミッキーマウス、ドナルド・マクドナルドと手をつないでいる「ナパーム」も、ベトナム戦争のとき写真家のニック・ウトが撮影した有名な「戦争の恐怖（ナパーム弾の少女）」をモチーフにしています。ディズニーランドとマクドナルドをアメリカの商業主義の象徴として捉え、描いたわけです。

私が最初に買った作品が「ラブ・ラット」だったのも何かの縁だと思います。ラット、つまりネズミは光の届かない地下をウロウロしてゴミにまみれている、マジョリティとは対極にいる生き物の象徴です。バンクシーはそこに、愛されず、しかしたくましく生きる人間を見いだしました。自身の投影だという人もありますし、それは同じように行き場のなさを感じる人たちへのメッセージでもあります。

アンダーグラウンドなアーティストであったバンクシーの名前を一般に有名にしたのは、大英博物館やニューヨークのメトロポリタン美術館への無断展示です。これによって世間は彼をアート・テロリストと呼ぶようになりました。また同じころベツレヘムに赴き、イスラエルとパレスチナの分離壁に、先に触れた代表作「フラワー・スロワー」を描いて、その活動家としての姿勢を強烈にアピールしています。

私が注目する起業家としてのバンクシー

バンクシーは許容されていない部分もあります。公共の建造物や私有財産に勝手に絵を描くことは違法行為です。ですからストリートアートは描いては消され、描いては消されの繰り返しになります。見つかれば場合によっては罪に問われます。

そこでバンクシーは考えました。彼の作品は型紙の上からスプレーを吹きつけるステンシル・アートです。これによって短時間でクオリティの高い作品を街角に残すことができました。

さらに彼がユニークなのは、ステンシルによって大量生産しただけでなく、バンクシー作品であることを認証する機関「ペストコントロール」をつくったことです。本物であるかどうかは証明書COAが発行されていることが絶対条件になります。ウェブサイトに公開されているナンバーを確かめれば真贋がわかります。

バンクシーより絵のうまい人はいたかもしれません。しかし彼はステンシルという手法を採用し、大量に素早く作品を供給し、ペストコントロールによって自身の作品を保護しました。これは素晴らしいの一言です。私はそこにアントレプレナーシップ、起業家精神の高さを見ます。

私が一番彼に興味を示したのはこの社会起業家としての優秀さです。仕事に対する情熱も半端ではありませんし、国内で言えばソフトバンクの孫正義氏やユニクロを運営するファーストリテイリングの柳井正氏に通じる能力があると思います。芸術的才能に加えて、起業家精神が高い人間であるというのは、そういうことです。

起業家に必要な三本の柱

私は起業家の条件を次のように考えています。「本業での高い能力」「経済を見る目」「人間力」。この三本柱をバンクシーは兼ね備えているのです。

まず一つ目に画家としての高い能力は言うまでもありません。

初期の作品にテディベアが三人の機動隊に火炎瓶を投げようとしている「マイルド・マイルド・ウエスト」があります。彼の絵を見ると質が高いとか感動的だという前に、どうしてあんなかわいいテディベアが怒った顔で火炎瓶を持っているのだろうと誰でも考えるはずです。彼が選ぶモチーフは、メッセージをわかりやすく伝えるための役目を果たしており、みんながその場で考えられるような作品であるという点に、起業家としての能力の高さを感じます。

またロンドンに出てきたバンクシーが、そこにとどまることなく向上心を持ちニューヨークやパレスチナに足を運んだ点にも感心します。ニューヨークにはアンディ・ウォーホルやキース・ヘリングというポップアートで成功したアーティストがおり、特にヘリングからは多くを学んだと言われています。

二つ目の経済を見る目については、先ほども触れたステンシルの採用と証明システム「ペストコントロール」をつくったことが象徴しています。

世界経済の中心であるニューヨークに長くいたことで培われた、経済を見る目の確かさも想像できます。

三つ目の人間力の高さは、匿名性が守られていることからも推察できます。あれだけの仕事をしながら正体が分からないのは、周囲に同胞感の強い仲間が大勢いるに違いありません。夢の国をパロディにしたアミューズメントパーク「ディズマランド」のプロデュースや、ニューヨークで一か月間毎日ゲリラ的に作品を発表するプロジェクトなど、絶対一人ではできません。分断壁のそばに建つベツレヘムの「ザ・ウォールド・オフ・ホテル」もそうです。

それら全てがメッセージを内包し、社会貢献に結びつくと同時に匿名性が守られているのは、バンクシーの高い人間力と経済活動の透明性に依るものです。私はそこに起業家としての優れた能力を感じています。利益を独り占めするのではなく、スタッフみんなに分かりやすく配分し社会に還元するため寄付をしているところには彼の社会性および人間性の高さが表れています。

ここ数年でもウクライナ支援を目的にプリントを五〇点販売しましたし、コロナ禍ではイギリスの病院に寄贈された「ゲーム・チェンジャー」と題した作品が、その後オークションにかけられ、収益はＮＨＳ（国民保健サービス）に寄付されました。

財団主催でバンクシー展を開催

二〇二三年秋に福岡と大阪の百貨店で「LOVE with BANKSY　想いと、愛情と、起業家のこころ」展を開催しました。入場料は無料として寄付箱を設置し、透明性を持たせるため来場者数をインターネットで公開しました。結果的に今回は有志の方からの寄付金と合わせ、一五〇万円を北九州市社会福祉協議会と大阪市こども青少年局に寄付することができました。美術で社会にメッセージを発信するバンクシーの作品を鑑賞して、来場者も社会貢献ができるという仕組みです。私が最も大切にしたことは、寄付という行為を子どもたちに経験してもらうことです。アメリカが科学や芸術の部門で世界の最先端を走っているのは、大学に対する寄付の文化が深く根付いていることが一つの原因です。そのため、大学の教室には寄付した方の個人の名前がついています。

これに対し日本には寄付の文化があまりありません。かねてからこれは色々な面で大きな問題ではないかと考えていました。

今回入場料を無料にして寄付箱を置いたことで、家族で来場された方のほとんどはお子様が寄付をしてくれていました。初めて寄付をしたという子どもたちも多かったと思います。そして我々も寄付箱の近くに担当者をおいて、必ず「ありがとうございます」と感謝を伝えるようにしていました。子どもたちにとって貴重な経験になり、今回寄付をしてくださった子どもたちが寄付の文化を感じ、大人になって広めてくれることを期待しています。百貨店の画廊を借りて開催したのは、バンクシーをアート・テロリストではなく画家として観てほしかったからです。今回はおそらく世界に数十点しかない「フラワー・スロワー」をメインに据えて三〇点を展示しました。カンバスに描いているわけではないバンクシーの作品は、縦に長かったり、横に長かっ

「LOVE with BANKSY　想いと、愛情と、起業家のこころ」展のポスターと寄付箱（井筒屋小倉店）

たりサイズも多彩です。そこがまた記憶に残ります。それも普段アートに触れる機会の少ない人にも人気が出る一因かもしれません。

タイトルに「起業家のこころ」を入れたのは、やはり起業家としてのバンクシーにも注目してほしかったからです。そこで「バンクシーとアントレプレナーシップ」という小冊子も制作しました。京都芸術大学の先生と相談しながら、

「棚でほこりを被ったままにならない、繰り返し手にとってもらえる本にしたいね」

と何度もミーティングしながら編集した充実した内容の一冊です。

同胞感を大切にする、起業家を増やしたい

私がバンクシーの起業家精神に注目した理由の一つは、日本で起業する人が増えてほしいからです。統計的に見て、日本の起業率も廃業率も欧米の約半分です。起業する人も少なければ廃業する人も少ないため新陳代謝がなされず、社会の循環が滞りイノベーションが起きづらくなっています。こうした状況を打破して、起業家の多い日本にするためにも、バンクシーを通じ起業の素晴らしさを伝えたいとの思いがありました。

そして周りに同じように同胞感の強い人間を増やしていく、その大切さを伝えたいのです。起業家精神については、宝歯会の入社式でも話しました。医師には「歯科医師としての能力がなければ何を言ってもむだです」と釘を刺します。能力のない人ほどスタッフや環境に対する愚痴をこぼしたりするものです。ただ人間力が高いというだけでも足りません。一緒に仕事をしようと思うなら患者様はもちろんのこと、一緒に働くスタッフのことも喜ばせるということをいつも考えなければ周囲に人は増えません。バンクシーを通じ起業家精神を学んでくれれば良いのですが、今のところ私の美術関係の活動に積極的な関心を示すスタッフはあまりいません。しかしまずは本業に関心を持ってくれた方が嬉しいので、そこは気にしていません。

ふるさとに小さな美術館を

ありがたいことに、あちこちからバンクシー展を開きませんかとのお誘いを受けるようになりました。大勢の方にバンクシーの起業家精神を伝えるには、場所にこだわらず企画に賛同してくださる百貨店や画廊に作品を貸し出す形で運営をお願いした方が良いのかもしれません。

一方でふるさとに美術館を建てたいとの夢もあります。日本新三大夜景都市に選ばれた北九州市には夜景の美しい場所がいくつかあります。そのうちの一つである高塔山の山頂に、皆さんがくつろげて、かつ社会にも貢献できる場所を創りたいのです。手元にある作品から一五点くらいを展示する小さな美術館で、入場料はお好きなだけという形が理想かもしれません。北九州市は政令指定都市の中で最も人口減が進み寂しい町になっています。足を運んでくださる方によって、周囲の飲食店を含め活性化のお手伝いができればと夢はふくらみます。それを考えると町中でも良いのかもしれませんが、いずれにしても地元に貢献したいとの思いは妻も私も一緒です。

財団主催の展覧会であっても、私は美術に関する活動から利益を得ようとは考えていません。仕事も順調で子どもたちも社会に送り出すことができたことに感謝し、世の中から受けた恩を社会に恩返ししたいというのが、妻と私の偽らざる気持ちです。

バンクシーが人生観を変えた

バンクシーは私の人生観も変えました。こんなに一人の画家、一人の人間に対して向き合い考察したことはありません。世界でゲリラ的に活動するバンクシーはアート・テロリストではなく起業家精神を持った人間であり、彼ほど誤解されている人間はいないと分かったからです。

人間は誤解します。誤解しても自分が間違ったことを認めません。私もそうかもしれませんが、自分を理想的な人物にしたいので、理屈で押し通していきます。

考えてみれば家族も同じです。パートナーを思ったとおりの人間にしようとすれば必ず衝突します。本来は、ただ幸せにすればいいだけなのにです。スタッフの場合はもっと難しく、良い方向に導こうとか、人間性を正そうとか考えてしまいます。

スタッフにも期待以上の成果を上げる人もいれば、ちょっと期待に添わないなと感じる人もいます。でもバンクシーを研究してからそれは間違っていたのかなと考えるようになりました。

なぜそういう結論に達したかといえば、時間をかけたからです。例えば妻のことは誰より理解していると自負しているのですが、子どもが巣立った部屋に一人でいる姿を見て、はっとすることがあります。実は分かっていないのです。みんなそうだと思います。

特に私にはこうあるべきだとか、こうであるに違いないと自分の考えを押しつけるところがありました。しかしバンクシーを研究してから、人間とは分からないものだと人生観が大きく変わりました。先入観を持って決めつけてはいけません。

もちろんスタッフに対し分かってないなと落胆するときもあります。でもそこでダメだと烙印を押すのではなく「他のことを言いたかったんじゃないのかな」と考えれば許せるし、もうちょっと話を聞いてみようという気持ちにもなります。今は私の志のもとに集う仲間としてではなく、別の角度から同胞感を見ることができるようになりました。バンクシーを徹底的に勉強しなければ、こんな考えには至らなかっただろうと思います。

これまでけんかとまでは行かなくても意見の相違で袂《たもと》を分かち、辞めていったスタッフもいました。しかし、本当はどのように考えていたのだろうか。何か思い込みで気づかなかったことがあったのではないだろうかと改めて思い出すこともあります。

何かトラブルがあったとき、人は「あの人はダメだった」とか「気が合わなかった」で済ませがちです。本当は自分が悪かったのではないかと、そこまで人間はなかなか考えません。しかし自分が悪かったんじゃないかなと、今なら思える人が何人もいます。

今はスタッフや周囲の人に対して、少し余裕を持って接することができるようになったと自分では感じています。社会性の高いグループをつくる過程においてバンクシーに出会ったことで、私は大切なことに気づきました。本当によかったと思います。そういう機会をつくってくれたバンクシーに、そして多くの関係者に感謝しています。

第7章 人との出会いは人生を変える

多くの恩人から学んだこと

出会いが人生をつくる

私が独立したときは莫大な借金を抱え、新婚生活も小さなアパートからのスタートでした。そのため成功して裕福になりたい一心でしたが、人間はいつまでもお金のためだけに働けるわけではありません。少し余裕が出てくると、もっと治療のレベルを上げたい、新しい技術を習得したいと、今度はワンランク上の歯科医師になって貢献したいと考えるようになりました。

そして休日を返上して通った学会やセミナーで出会ったのが業界でカリスマ的存在の開業医である糸瀬正道先生、山道信之先生、故・下川公一先生です。皆さん雲の上の方でしたが、不思議なご縁でお話できるようになり、多くのことを教えていただいた私の恩人です。

出会いの運で人生が大きく左右されるとすれば、私はたまたま運が良かったのだと思います。先生方と出会わなければ、今のように歯科医師をやっていなかったかもしれません。

もっと良い診療をしたいと願えば、自然と素晴らしい方に出会う機会はめぐってきます。そうした先生や人との出会いが、歯科医師としてのキャリア、そして人生をつくっていくのです。

言われたことを素直に受け取ろう

先ほど運が良かったと言いましたが、なんとか成長したいと必死だったから運を引き寄せられたのかもしれません。勉強会では積極的に質問もし、先生に話しかけたりして、とりあえず言われたとおりに実践しました。するとすぐには理解できない内容であっても、ほとんどの場合、良い結果につながったのです。うまくいかないときもありましたが、その場合には直接ご連絡し勉強させていただきました。

大切なのは素直に相手の言葉を受け取ることです。そうすれば次にお目にかかったとき、さらにいろいろな知識や技術を教えてくださいます。そうすることで本当に歯科医師としてはもちろん、人間として成長していくのだと思いました。

インターネットにより、専門家でなくとも相当専門的な知識が手に入るようになりました。ですから今後は知識より知恵が重要になっていきます。そういった知恵を授けてくれる人がカリスマです。知識をどのように知恵にするのか、その素晴らしい技術をどうやって使うのか、その人だけが体得したちょっとしたコツがあるわけです。

カリスマと呼ばれる人たちから私が学んだのはなんといっても歯科医師としての考え方でした。ただ良い治療をしたい一心で、完全に不採算であるにもかかわらずこんなにやるのかと最初は驚きましたが、私など考えもつかないことをやるからこそ良い結果に結びつくわけです。

考え方がしっかりしてくると、ようやく知識が知恵になり技術もバージョンアップしていきます。まずは言われたとおりやってみる。これが基本です。

会いに行く・実践する・報告する

知識を得るにしても知恵をつけるにしても、まずは先生と呼べる人に会いに行かなければ始まりません。勉強会やセミナーには積極的に参加すべきです。ワンランクアップするのだと強く願って、たくさん足を運びましょう。

次に大事なのは「言われたとおりにやる」です。先生と呼ばれる人に対して能力で勝ち目がないのは分かっているわけですから、そこはやってみて結果に結びつけていけば良いのです。そうした素直な姿勢が、何をするにも成長への第一歩になります。

そして次にやるべきことが「教えを受けたら報告する」です。受け取るだけ受け取っておしまいは失礼です。

「先生のおっしゃったとおり治療してみました。そして期待通りの結果を得ることができました。ありがとうございました」

と伝えるのが礼儀です。結果の症例写真を添付してメールで送るのも良いでしょう。報告することによって、さらに良い方法も教えていただけるかもしれません。そうした積み重ねは正しさにつながるし、大きな成果にもなり得ます。それは本当に大切なことです。

小宮一慶氏から学んだ「規律の中の自由」

私が度々述べてきた「規律の中の自由」は小宮一慶氏から学んだものです。組織で運営の方向性を統一して自分の考えを伝え、意を同じくする同胞と呼べる人を育て任せていくべきです。至極あたりまえのことですが、当時の私はそれもわからず無理しようとしていました。

小宮氏は「管理するほどばかげたことはない」ともおっしゃいます。最近、宝歯会の「未来の組織図」をつくってみましたが、そこには大勢の意思決定者がいます。意思決定する人がたくさんいないと大企業のような組織にはなれませんが、誰かに動いてもらおうと思えば、その人に関心を示さなければいけないし、規律の中の方向性もきちんと決めて、行く先を示さなければいけません。

かつての私はそこが全然分かっていませんでした。スタッフを信頼しているつもりでいながら、運営について事細かな指示を出したり、ときには診療にまで横やりを入れたりしていたのです。

小宮氏がおっしゃっていることを理解するまでには時間がかかりました。今も完全に分かってはいないのかもしれませんが、一冊の本を繰り返し読むことによって三度目でようやく気づくような感覚がありました。二回目より三回目、三回目より四回目、あるいは四回目より五回目と永く追いかけて初めて、大切なことなのに私は読み流してしまっていたんだなと気づくようになります。逆にやはりその理解でよかったのだと自分を確認する場合もあります。ですから私はこれからも素晴らしい本を何度でも読んでいきたいと思います。

言われたことは必ず実行する

学んだことは素直に受け取ろうと先に書きましたが、とりわけ小宮氏から教わったことは必ずやると決めています。その結果、完璧に理解できなくても、チャレンジした方がうまくいくという経験をしてきました。

例えば小宮氏はコンサルタントとして独立するときに、ピーター・ドラッカー氏と松下幸之助氏を徹底的に研究されたそうです。これを聞いて私もこの二人の本は熱心に読みました。今、お二人の言葉は私を支える運営の、そして人生の指針となっています。そこに共通するのはやはり熱意、能力、そして考え方です。

信頼する小宮氏自身の著書で特に影響を受けたのは、最初に読んだ『あたりまえのことをバカになってちゃんとやる』(サンマーク出版)と『経営者の教科書』(ダイヤモンド社)です。

「働く喜びを感じられる組織をつくる」「信じるとは権限を与えること」は『経営者の教科書』から学び実践しています。とりわけスタッフや周囲の人たちを信ずることの大切さはこの本から教わりました。ただし、そこに書かれている「成功する経営者の5つの特徴」にほとんど私は当てはまりません。私は褒めることもそれほど得意じゃないし、他人のことを自分のことのように考えているかと言われれば、ちょっと疑問です。常に優しいかと言われれば自信がないし、意識はしていても素直な気持ちになれないときもあります。

ただ一つ「せっかちであること」。これだけは私にも当てはまります。明日に伸ばしたりせず、今日できることはやろうと行動するという意味です。

尊敬する方々が、頼まれたらすぐ動く姿を私は今まで何度も見てきました。例えば新幹線や飛行機に乗ったときもリラックスする前に、やれることはすぐにメールで手配をされます。それは必ず約束を守るという信頼にもつながります。気になることを後回しにしない姿勢はとても重要です。

ものの見方・考え方を知る

「地位は人をつくらない。考え方こそがその地位をつくりあげる」ともおっしゃる小宮氏が大切にしているのは、ものの見方、考え方です。自分のことを最初に考える人、他人を信用できない人はだめであると口を酸っぱくしておっしゃいます。企業家には親の小言に聞こえるようなことを案外実践していない人が多いのではないかと、小宮氏は考えます。

例えば私がスタッフに「朝はまず掃除をしなさい」と言ったとします。でも私が率先してやらなければ誰もやらないでしょう。人は理屈では動きません。人は気持ちで動くものです。私が運営者になったころは社長の言うことは絶対だという気持ちで「やれ」と命令口調だったし、「僕はこうしてほしいと思っている」とよく言っていました。自分の意志で人を動かそうとしていたのです。今なら「みんなでやろうよ」と声をかけると思います。主語が「I」なのか「WE」なのかでその人の考え方がよく分かると言われることの意味が今はよく分かります。私はいつも「WE」を見ずに「I」が優先でした。

「人が幸せになるには、まわりに人が必要」もそんな私に響いた言葉です。同じ価値観を持ち、同じ何かを大切にしている同胞感の強い人間が周囲にいるということは重要だし人間にとって非常に幸せなことです。

子どもたちが巣立った今、私は妻と二人暮らしです。改めて妻がいなければ大変だと痛切に感じています。最近は家に一人でいる姿を想像して、早く帰らなければと意識するようになりました。家庭は人生のベースになります。家庭を大切にする、妻を大切にするのはあたりまえのことだからこそ、しっかりやろうと思っています。

稲盛和夫氏との出会い

稲盛和夫氏は、若い経営者たちに請われて一九八三年に「盛和塾」を始めました。「心を高め、会社業績を伸ばして従業員を幸せにすることが経営者の使命である」とする稲盛氏の経営哲学を学ぶ会として始まった集まりは評判を呼び、全国だけでなく海外にも広がり二〇一九年末に閉塾した際、塾生数は約一万五千名になっていました。

私は知人の経営者に「稲盛塾長は同じ鹿児島大学の出身だし、京セラのインプラントを使っているならなおさらぴったりだ」と勧められ、広島にある盛和塾に入会しました。

塾は発起人の方が中心に勉強会を運営されており、年に何度かは稲盛氏がおいでになられました。

私には先ほども述べたように、二つの共通点がありました。それで顔を覚えてくださったのか、いつしか私は「カジワラ」ではなく「インプラント」と呼ばれるようになりました。

稲盛氏の周りには警備の方々が大勢いて、いつもなかなか近づける雰囲気ではありません。その日も幹部の方が記念撮影される様子を私は離れたところから見ていました。すると稲盛氏が

「おい、インプラント。一緒に写真を撮ろうか」

と声をかけてくださったのです。皆さんひと言でも話したいわけですから、天にも昇る気持ち

でした。やがて年齢と共にお疲れが見えてくると挨拶をしたり名刺交換したりすることも御法度になってしまったので、本当に運が良く、有難いツーショットでした。

講演会での稲盛氏は神のような存在ですが、懇親会の席ではむしろ親しみやすい方でした。正しい人というより、優しい人というイメージです。

店のスタッフにも優しい言葉をかけられるので、たった一度だけ隣に座る機会に恵まれたとき

「塾長、優しいですね」

と話しかけたら

「いいか。人には優しくした方がいい。優しくしないと周りに人が増えんぞ」

と言われたことがありました。

稲盛塾長（左）と

人として何が正しいかを判断基準とし、正しいことを求めていらっしゃる稲盛氏は、人に優しくすることの本質を本能的に理解していらっしゃるのだと思います。正しさだけでは人は付いてきませんが、優しさがあれば周りに人が集まります。だから親睦会のような席でのざっくばらんな姿もとても魅力的なものに感じられました。

人間力があればこその言葉

稲盛氏が経営で大切にしていたのが「利他の心」です。自分のことだけを考えるのではなく、周りの人を思いやり相手のことを第一にするという心がけです。

果たして自分はどうだろうかとふり返ってみると相手からお礼のひと言もないと「あいつ恩知らずだな」と思うときもあるし、いろいろ教えた後輩が少しでも横着な態度を取ると「おまえなあ」と苛立ったりもします。やっぱりどこかに見返りを求めたり、他人に良く思われたいとの気持ちがあります。いくら心がけても下心はゼロではありません。

ところが稲盛氏はそんな気持ちは「全くない」とおっしゃるのです。他人からどう思われるかなど考えず行動し、見返りも求めない。それを聞いたとき私は、その域に達するのは到底無理かもしれませんが、少しでも近づいていきたいと強く思いました。

『生き方』（サンマーク出版）の中で、稲盛氏は威張ったり浮ついたことを言ってしまったときは一人で鏡を見ながら「バカものが！」と己を叱りつけ「ごめんなさい」と神様に謝ったそうです。

謙虚な態度で自分を省みることの重要さも述べておられますが、常に現状に満足されるということはなかったのでしょう。「稲盛さんすごいですね」と新聞記者から成功を賞賛されたのに対し

「私はまだ成功したつもりはない。今からだ」と答えたそうです。本当に素晴らしい方だと思います。

講演する際、稲盛氏はずっと下を向いて話しています。何週間、何か月前から熟考し書いた原稿を一ページずつめくりながら読むからです。「なくても話せるでしょう」と進言する人もいたようですが「自分の言いたいことを正確に言いたいんだ」とそのスタイルは変えませんでした。

そして淡々と進んでいるように見えますが、不思議とそのひと言ひと言が胸に染みるのです。落涙する方も多いし、私も何度か目頭が熱くなりました。仮に同じ原稿を私が読んだとしても、誰も泣いたりしないでしょう。それを考えると内容もさることながら、やはり稲盛氏という魅力ある人間から出る言葉だから価値があるのです。

目標は大きく

稲盛氏がよくおっしゃった言葉でとりわけ印象的なのは「心を磨く」、そして「目標を大きく」です。

『働き方』（三笠書房）という本にありますが、稲盛氏は京都で小さな会社を興したときからこの町で一番になろう、京都で一番に、日本一に、世界一になろうとみんなを鼓舞しました。しかし京都で一番になるためには近所にあった歴史ある島津製作所を抜かなければなりません。「あそこに勝てるわけないじゃないか」と従業員は冷たい眼で見ていたそうです。しかし、ご存知のとおり京都セラミックは後に京セラという世界でもトップクラスの会社に発展しました。

以前から歯科医師として福岡一、九州一を目指していた私は稲盛氏に会ったことで「世界一になる」との看板も掲げるようになりました。するとそのころから不思議と患者様数がぐんぐん増えていったのです。私は直営の歯科医院の患者様数を成長の指標としています。しかし、実のところ歯科の世界で何をもって世界で一番とするかは意見が分かれると思います。ただ、意識の上だけでも目標を高く掲げることは大事だなと実感したものです。

つまり稲盛氏がおっしゃりたかったのは、狭い範囲で物事を捉えるなという意味なのだと思います。世界一を基準に考える人は、九州一で勝負しようとする人に比べて考えることも増えて視野も広くなり、やはりどこか違ってきます。関心の幅が広くなれば、行きたい場所も増えて出会いも広がります。卑近な例ですが、うどんにしか興味がなかったのに蕎麦にも関心が広がればおいしい蕎麦屋に行こうと思うでしょう。そうすれば思いがけない出会いもあるかもしれません。ちょっとしたことですが人生には案外大切なことではないかと思います。

大事なことは三つに絞る

人生の真理は懸命に働くことで体感できると『生き方』には書いてあります。実は私はこの言葉に一番救われています。真面目に一生懸命仕事に打ち込み、つらさを乗り越えたときの達成感に代わる喜びはありません。日々、働くことによって人の心は磨かれていくのです。

宝歯会には二〇代の若いスタッフも多く、こうした本を薦めても読んでくれる人は少ないでしょう。それなら毎日の仕事を通じて、彼らが正しい生き方を見つければ良いのではと考えてつくったのが「院訓」です。第5章で触れたように、我々の歯科医院では毎朝この院訓をスタッフと唱和し徹底することにより、良い仕事について考える場としています。

スタッフとの院訓唱和

正しいことをしなさいと抽象的に言うより、シンプルにした方が伝わると思い、院訓は三つに絞りました。心がけていれば、仕事をする中で自ずと真理が見つかるはずです。

スタッフにはいろいろなことを教えたいし、社会人として大切なことを教えた方がいいと思います。かと言って分厚いマニュアルを渡しても隅々まで読む人はいないでしょう。しかし大切なことが三つだけであれば、誰でも理解できます。院訓に掲げる三つを実行すれば患者様から「ありがとう」と言われる確率はとても高くなります。それが一生懸命働くことによって、人生の真実が分かってくるということにつながると期待しています。

私のモットーは「正直・丁寧・真面目」とやはり三つです。物事がうまくいかないときはそのいずれかが欠けています。私は自分に正直に、周囲の人に丁寧に、そして真面目に働く姿を見せることによって、正しい人間に近づけると思いますし、人間としての正しさを伝えたいと心がけています。

熱意を持ち、強く考える

「人生・仕事の結果＝考え方×熱意×能力」で成り立つという人生の方程式を耳にしたことはないでしょうか。これは稲盛氏が二〇歳から三〇歳の若い時期に考えたものだそうです。

この方程式の特徴は「熱意」と「能力」は0〜100点までですが、「考え方」はマイナス100点〜プラス100点まであるということです。成功するためには「熱意」も「能力」も欠かせませんが、

「熱意」や「能力」がいくら高くても「考え方」が正しくなければ全てがマイナスになってしまいます。「考え方」がマイナスの方は「熱意」や「能力」が高いほど、逆に成功から大きく離れてしまうというわけです。だからこそ、「熱意」も「能力」も大切ですが、まずは正しい「考え方」を学ぶことが最も大切なのです。

稲盛氏はその考え方の中で、正直であり謙虚であるということは、人間として最も大切なことだともおっしゃっています。成功の近道は人間として正しい生き方の先にあるのです。この場合、自分の気持ちに対して正直なのか、相手に対してなのか、それとも世の中に対して正直であるべきなのか、主語を変えるといろいろな捉え方ができます。ではどうするかと言えば、考え得る全ての主語に当てはまるようにするのです。何が正しいかと考えるのではなく、誰が聞いても正しいだろうかと考えるようにしなさいということも教わりました。

盛和塾の良さは、全てが生きた知恵であり哲学である点です。ですから私は顔を上げるひまもないくらい、ひと言も聞き逃すまいと毎回必死にメモをとっていました。リーダーに必要なのは「人間力・人格」です。性格には生まれつきのものがありますが、成長する過程で哲学を学び、それによって人格が形成されていきます。繰り返し学べば生まれたときより少しは人間性も豊かになるわけですが、盛和塾はまさに心を磨き人格を高める場でした。

大前研一氏との出会い

経営コンサルタントの大前研一氏は私と同じ北九州市若松出身です。書店やテレビで名前をお見かけすることはあっても、雲の上の方ですので大前氏のことを詳しくは存じ上げていませんでした。それが福岡の経営者の方に紹介されて偶然、勉強会に参加するようになったのです。

その「向研会」には毎回、大前氏ご自身がいらっしゃいます。そして生成ＡＩといった最新トピックもご自身の言葉で話されます。さらに、テーマの専門性が強くなると自分の話に加えて、専門家を招いてセットでご講演されるときもあります。その後、質疑応答になるのですが、皆さんとても熱心で当てきれないほど質問の手は上がります。

そうやって通ううちにこの人は天才だなとうなる場面が増えました。経済のことだけではなく政治や文学にも明るく、クラリネットはプロ級の腕前。ダイビング、ジェットスキー、ツーリング、スノーモービルと幅広いアクティブな趣味もお持ちです。真似したくても真似できません。しかも天才だと言われても偉ぶるところがなく、やはりとても正直で人に優しいのです。

さらに付き合っても何も得ることもないだろう私を「飲みに行こうか」と言って、かわいがってくださいます。一度、大前氏から鹿児島の離島でバイクでツーリングをしようと誘われました。

バイクの免許がないと言ったら、「中型免許まで取っておけ」と言うのですから驚きました。さすがに一発取得は無理でしたが、四度目の試験でようやく免許を取得した私は、六〇歳過ぎて初めて四〇〇CCのバイクにまたがり、高速道路も雨の中も走り回ってきました。

景色との一体感もあって新鮮な体験になりましたが、それ以上に大前氏は人を楽しませるのも天才だと感心する場面がいくつもありました。私は自分が楽しもうと思って行くわけですが、大前氏は第一にみんなを楽しませようとの心づもりなのです。

豪快に見えますが、大前氏は普段からとても人に気を遣われます。いつも主語を相手にして考えるから、彼の周囲に人が集まります。酒の席では、大前氏も人にお酒をつぎます。それでいて宴の終わりごろにはみんなと同じように酔っています。懇親会に付き合いで出席する先生は少なくないと思うのですが、大前氏は前向きに参加され、みんなが楽しんでいるのをご覧になっているのです。器の大きさを感じました。中座されることはありませんし、八〇歳になった今もそこは変わりません。

学ぶべきことが多いというだけでなく、あの人と一緒にいたいとの思いを呼び覚ます、人間力で惹きつける方だと思います。大前氏だから話を伺いたいし、ご一緒したいのです。天才には間違いありませんが、それ以上に私はその人間性を尊敬しています。

マネジメントは人の幸せのために

大前氏がオピニオン・リーダーとして脚光を浴びたデビュー作『企業参謀――戦略的思考とは何か』（プレジデント社）には「戦略に魂を吹き込むのは人であり、マネジメントスタイルだ」というくだりがあります。難しく考えがちですが、マネジメントは人のためにやるもので、人を幸せにするためにやるものなのだと私は大前氏から学びました。ですから効率を上げることばかり追いかけるのではなく、人を幸せにするにはどうすれば良いのか、そこを第一に考えるようにしています。

私は宝歯会の尺度を売上と利益に求めません。前述したようにみんなが共感できるものでなければいけないと考えて患者様の数で計るようにしています。その視点が大前氏の主張と同じだったため、私は運営の姿勢に自信を付けました。本来ならＫＰＩ（Key Performance Indicator）＝重要業績評価指標とすべきかもしれませんが、ＫＦＳ（Key Factor of Success）つまり「成功のカギ」を何に求めるかによって企業の目的や目標は変わるのです。

誰でも楽な方を選びたがりますが、大前氏は難しい方を選びなさいと言います。簡単なことは誰でもできるし、目新しさもない。みんなと違うことをしようと思うのであれば、リスクを取りなさいというわけです。稲盛氏もリスクを取らなければ成長しないし、成功もないとおっしゃいます。

私のことで言えば一番のリスクは、なじみのない神戸や横浜へ分院を出したことです。福岡にだけ展開すれば居心地は良いのですが、それは衰退の始まりかもしれません。ですからリスクをあえて取ることにしました。

また大前氏は「一人の人間の弱さは会社でカバーしてやれ」とも言いました。人間が温かいのだと思います。しかしこれがなかなかできません。どうしても人間の弱い面やしくじった事実に眼が奪われてしまいます。ただ失敗を見ても、まあいいかといったん心にしまったり、人に優しくしようと心がけるようにはなりました。まだまだ習慣になってはいませんが、心がけていれば口をついて出る言葉が少し変わるのは間違いありません。

出会いをコーディネートする村尾充司氏

今、快進撃を続けるスーパーマーケットに株式会社神戸物産が運営する「業務スーパー」があります。プロの品質とプロの価格をうたい、これまで業務用として流通していた食材を一般の人にも買いやすくしたことで話題になりました。

このスーパーのフランチャイズ加盟店のトータル・サポートを行うのが、大阪に本社のある株式会社エムズ・プランニングです。その代表取締役である村尾充司氏もまた私にはないものをたくさんお持ちの、実にエネルギッシュで魅力的な方です。私自身一人でできることは限られることを痛感し同胞感を大切にしているわけですが、村尾氏からはいつも周りに人を増やそうとするパワーを感じます。

初めてお目にかかったのは、小宮一慶氏の出身大学でもある米ダートマス大学を訪ねる特別なツアーです。当時大学生だった長男と二人で参加した初めての海外ツアーでもありましたが、村尾氏のおかげで非常に楽しい時間を過ごすことができ、二人にとって一生の思い出深い旅になりました。そういう意味でも私の大恩人です。

その後は小宮氏の経営実践セミナー（KCセミナー）で何度かご一緒しました。百人以上の方が参加するセミナーの場合のランチは一人でとったり、せいぜい隣席の人とご一緒したりする場合がほとんどだと思いますが、村尾氏はあらかじめレストランに一五人ぐらいの席を予約しておいて「行こう、行こう」とみんなを誘うのです。そうすると異業種の人と話す機会になり、セミナーとは別の意味でその方たちと過ごす場が私にとっては重要な時間となっています。

みんなが幸せになることを望んでいる村尾氏の周囲には自然と人が集まります。コミュニケーション能力というより、それは懐に飛び込む力と表現した方がいいかもしれません。常に周囲の人に関心を持ち、相手をたて、人と人とをつなごうとされます。

例えば勉強会に医療関係の人や大学の先生がいると「この人は歯医者さんなんです」と私を紹介してくれたりします。パーティーであの人と話したいなと思っていると、ぱっと見つけて間を取り持ってくれたりするのにも驚きます。ですからそれは天性のものかもしれません。

そして、村尾氏は損得勘定や打算を全く感じさせないからこそ、周囲に人が集まるのです。

うらやましいなら真似してみる

自分が持っていないものを持つ人を見ると、うらやましいなと思うと同時に人間は真似したくなるものです。村尾氏は周囲に人を集めるという、自分が最も不得手なところをお持ちの方なので、ああいう人間にはなれないなと思いながらもいつもお手本にしています。

例えば子どもたちに倣って始めたゴルフですが、実は村尾氏を真似たところもあります。また日本中を飛び回っていても奥様との時間を大切にされているのを見て、妻との時間の大切さを改めて自分に言い聞かせています。

先に主語を「I」でなく「WE」で考える大切さについて触れましたが、村尾氏もまた「WE」の方です。

誰かを食事に誘うとき、私なら「おいしいところあるよ」と知り合いの店や有名店に連れて行こうとします。しかし村尾氏はまず「どこに行きたい？」「何が食べたい？」と尋ねるのです。

確かにミシュランに選ばれた店であっても、相手の口に合うか、楽しめるかどうかはわかりません。内心はもっと気楽にお好み焼きを食べたいと思っているかもしれません。何よりミシュラン店を選ぶ気持ちには、どこかに自尊心が見え隠れしています。

自分より他人の思いに気持ちを向けることの大切さは村尾氏から学びました。先日、飲み会の幹事を若い医師に任せました。私なら見栄もあるので多少値段は張ってもホテルの個室レストランを予約したりします。ところが先日若い医師が予約したのは、個室は個室でも町の居酒屋でした。どうなるかと思いましたが、本当においしくて盛り上がったし、料金もいつもよりリーズナブルに済みました。

これまで何でも自分で決めるというのが自分の主義でしたが、若い彼らに任せたり、決めさせた方が良いとつくづく感じた経験でした。私が村尾氏のことを師匠と呼ばせていただいているのはそうした理由からです。

出会いの秘けつとは「YOU」と「WE」の精神

運良く出会えないような方々にお目にかかってきた私に対し、出会う秘けつは何ですか？と尋ねる方がいます。基本的に私は社交的ではないし、誰かと仲良くなるのも得意ではありません。ただ一つ言えるとすれば、心から礼を尽くすことだと思います。いくら親しくなっても一定の距離を保ち、気を遣い相手に何かできないかと考えることは大切です。

尊敬する皆さんは、私など足元にも及ばないほど知識が豊富だし、何でもお持ちです。でも何か自分にもできることがあるはずです。主語を「YOU」や「WE」に置き換えて何ができるのか考えていれば、気持ちも伝わるし距離も近くなると思います。ちょっと親しくなると途端に呼び捨てにしたり馴れ馴れしくしたりする人もいますが、それではそれ以上の関係は深まらないし長続きもしないでしょう。見返りを期待して近づけばすぐに見抜かれます。

何かを成し遂げた人たちは、行動に対し見返りを期待したりしません。むしろ「そんなことしたっけ？」と忘れてしまうようなところがあります。それに対し、私は昔やってあげたのにと未だに思ってしまいます。ギブ・アンド・テイクと言えば聞こえは良いですが、その差を実感させられます。

今思えば父にもまず相手のためにというところがありました。私は中学のとき、卓球が得意でスカウトも来るほどでした。北九州の大会で優勝したこともあります。でも練習したくても家は狭いし、学校でも思うようにできませんでした。すると父が誕生日に公式の卓球台を買ってきたのです。日ごろ、口もあまりきかない関係だったにもかかわらず、何をしてほしいのか、何がほしいのか黙って見て理解していたのでしょう。あのときは、こんなことをしてくれるのかと驚きました。

多くの人は自分の楽しみを追いかけます。もちろんそれはそれで良いのですが、自信がある方はすでに自分自身の楽しみ方はご存知なのだと思います。その上で主語を「I」から「YOU」や「WE」にシフトされ、他の人が喜んだり、楽しく過ごしたりする様子に幸せを感じてらっしゃるのでしょう。私はまだまだ人間の器が小さくて、なかなかその境地まではいけません。

「YOU」と「WE」を主語にした観察力

人生で最も大切なものは？と問われたら、今の私は妻や子どもたちとの関係と答えます。それは大前氏も小宮氏も村尾氏も言わずとも理解してくださっているようです。

「この人は何を大切にしているのかな」

と察するところまで努力する人は大勢いると思います。ただ周囲に人が集まるような方々は

「それじゃあ、その大切な人の大切な人も大切にしてあげよう」

と考えるのです。そこがすごいなと思います。実際、私の子どもたちを可愛がったり、妻の誕生日に突然大きなお花を贈ってくださったりします。

相手を喜ばせたいという気持ちは誰にでもあるのではないでしょうか。ただそこに留まらず、相手の関心のあることや大切な人のことにまで想像が広がって、何かできることはないだろうかと考えるわけです。そうした対象がどこまで広がるかで、人間の器は測れるのかもしれません。どんなにその人自身が優秀でも、相手を喜ばせたい、周囲の人も大切にしたいという気持ちがなければ、できることは限られてしまいます。

ではどうやってそこまで思いを膨らませるのかと言えば、みなさん、意識的なのか無意識なのかわかりませんが、他の人に関心を持ってよく見ています。

おおげさなことは何一つありません。「ＹＯＵ」や「ＷＥ」を主語にした観察力と、どんなことを

すれば喜んでもらえるかという想像力、そしてそれをさりげなく実行する力によって大切な人が大切にしていることをサポートしていれば、どんどん周りに人が増えてきます。

そういう人と食事すると、何と言うこともないうどんでも、いつもよりおいしく感じるのは不思議です。理由はわかりませんが、どこかに周囲の人を和ませる雰囲気があるのでしょう。

尊敬する皆さんは何をするにもさりげなく、そして自然体です。私はあれこれ考えてから実行しますが、考えることが習慣になっていると考える前に身体が動くようになります。良い習慣を持つ人は成功するし、何より人として魅力的であるということを実感します。

歯科医師の基本も関心と優しさ

歯科医師の基本も、患者様を第一に考え優しく親切にすることにあります。

私は診察の前に予約表を確認し、おいでになったらすぐお名前を呼べるように準備します。次に声をかけます。あなたに関心がありますよという態度を表す第一歩です。自分に関心があると分かれば患者様の信頼感も増すし、時に会話も弾むでしょう。

また名前を覚えることで、今どんな治療をしているのかも頭に浮かぶようになりました。習慣化して身についたことなので、カルテを見ずにある程度診療していく自信はあります。

「カルテを見なければ治療内容が分からないようでは、それは患者様に失礼だろう」

とおっしゃったのは尊敬する故・下川公一先生でした。私はまだその域には達しませんが、先生のレベルに達するとおそらくカルテをご覧にならなくても、患者様の名前を見ればレントゲンまで全部頭に浮かんだのではないかと思います。

これまで約二千人の患者様を担当した時期もありましたが、今は数百人になりました。そのほとんどが永くお付き合いのある患者様で、歯科医師と患者様というより一人の人間同士、好ましい関係になっているのを感じます。

単純に歯科医師と患者様の関係であれば、痛いとか嫌だといった気持ちになることもあるでしょう。しかしそこを乗り越えないといつまでも気を遣いながら付き合うことになり、永いお付き合いは難しくなります。

そうは言っても永いお付き合いは万能ではありません。梶原先生は無理だと言ったが、あっちの先生はこの歯が残せると言っていると聞けば、多少馬が合わなくてもそちらの歯科医院を受診するはずです。そこが医療の難しいところです。

若い歯科医師たちにも「この先生の方が上手だという症例なら、いくら永く付き合っていただいている患者様でも最後にはそちらの方を選択します」と言っています。生命に関わることであればなおさらシビアです。

歯科医師が企業をつくるということ

これまで述べてきたように医療の世界には、一般の会社とは異なる側面があります。それでも技術は最終目標ではなく、大切なのはあくまで人と人との関係だと私は考えます。

私の目的は一般の会社と同じようにスタッフが一生働ける環境をつくり、患者様が一生を託せるようなグループにしたいとその一点にあります。

その場所で患者様にも永くお付き合いしていただけるよう、スタッフには院訓を守り、正直で丁寧で真面目な仕事をしてほしいと願っています。

仮にこれから事業拡大を考えている歯科医師がいるとしたら、「規律の中の自由」という考え方をアドバイスします。コミュニケーションに必要なのは報告・連絡・相談、つまり報連相だと言われますが、以前の私はなんでもかんでも報告を求めてきました。しかしそれを止めたのは、あなたを信用していないと言うようなものだと気づいたからです。以前は午前、午後とそれぞれ患者様の人数と点数の報告を求めていました。しかし、今はその日に来院して下さった患者様の人数と、欠勤や早退したスタッフの報告だけです。私がその中で、最も求めているものは、その日のスタッフの動向の報告です。その結果、分院長たちの責任感が強くなると同時に我々の同胞感も強くなりました。

一つの会社や医院に一〇〇人のスタッフがいるとして、一万人規模のグループになったら、その一〇〇人の意志決定者の声を一番上の運営チームが聞いて、最終決定の方向性だけを決めていくというスタイルを私は目指します。少なくともどのように治療するかはそれぞれの考えを尊重し任せるべきです。そうでなければ、我々のような技術者がつくったグループが大企業のような組織になるということはあり得ません。

一緒に仕事をする人が増える幸せ

私は尊敬する方々と同じようにはとてもなれませんが、学ぶことにより意識は変わりました。

例えば分院に行ってスタッフと話をしたときに、以前より関心の範囲が広くなったのを感じます。今度赤ちゃんが産まれるのだなとか、パートナーと別れて一人になったようだなと、それぞれに対し一人の人間として思いを寄せる機会が増えました。六〜七人の研修医に直接指導できないときも、どうしているかな、うまくやっているかなと考えるようになったのです。

朝礼のときしょんぼりしているスタッフがいたので、新幹線から「今日元気なかったけど、何かあった？　相談に乗ろうか」とメールをしたら「声をかけていただくだけでもありがたいです。自分で解決できます」と返事が来ました。そういうことができるようになったのも、多くの恩人のおかげです。こうした意識を習慣化していけるようにしたいものです。

スタッフが増え、一緒に仕事をする人が増えると関心が広がり、考える時間も永くなります。私はそれを幸せだと感じています。会社組織にして多くのスタッフと一緒に考えることができ、一緒に仕事ができる環境をつくれて良かったなと思っています。私がどこまでやれるのかは分かりませんが、今はもう少し増やせるかなというのが実感です。もし「もういいや」と匙を投げたら、そこが自分の器の終わりでしょう。

周りに人が増えれば、自分にとって大切な人が増えます。そして大切な人が増えれば事業もうまくいきます。事業に限らず、周りに大切な人を増やすというのは、人生の黄金律だと最近ますます実感します。

これまで何万人もの事業家がいたと思いますが、会社の業績を上げようとするだけでは続かなかったはずです。人生で最も大切なことは、大切な人を知り、大切にすることだと気づいたとき、人は損得抜きで行動を始めるのだと思います。そうすれば上司としても、代表としても、また事業家としても、もちろん歯科医師としても成功するだろうし、何より人として幸せを感じることができるだろうと私は信じています。

あとがき

「ヒト・モノ・カネ」から「ヒト・ヒト・ヒト」へ

新たな学びと新たな出会いが未来への力に

これまでの社会では経営の資源は「ヒト・モノ・カネ」でした。しかしこれからはそれが「ヒト・ヒト・ヒト」になります。人口も減り、若者も減る時代において、歯科医院のような、人に依存する事業はますます「ヒト・ヒト・ヒト」がテーマになるでしょう。

先日、孫娘が泊まりに来ました。それはもうやんちゃな盛りで、ごはんを食べるときもじっとしていないので「そんなにはしゃいでいたら、こぼすよ」と何度も小言を言いました。結果的にやはり予想どおりになってしまったわけですが、しまったという顔をした孫に対し私は「ほら見ろ、言ったじゃないか」と説教じみた物言いをしました。

ところが私の妻は「ばあばが片付けてあげるから大丈夫よ」と優しく声をかけ、一緒に片づけてあげたのです。孫はものすごく安心したように見えました。

負けないくらいかわいがっているつもりですが、どうしても妻には勝てません。おそらく孫と「ばあば」の間には、私が言うところの同胞感があり無償の絆で結ばれているのだと思います。それに対し、たとえ言ったことは正しくても優しくない「じぃじ」と孫との同胞感はそこまではなかったと言うことです。

仕事でも同じようなことはよくあります。確かに私の言ったことは間違いなく正しいのです。しかし運営に本当に必要なのは正しさより優しさです。人間を効率的に扱おうと考えること自体が問題で、たとえ効率的でなくても効果の高い運営手段の方が良い結果に結びつくのです。

そして正しさより優しさ、効率性より効果性が大切だと分かれば、そのように他人に接することができるし同胞感も深まり、永いお付き合いができます。

本を読んだり、セミナーに足を運んだりして、誰よりも勉強してきたつもりでしたが、妻は本能的に同胞感の本質を理解しているのかもしれません。先日、お酒を飲みながら妻にこの話をしたら「お父さんちゃんと勉強してるの？」と言われてしまいました。

やはりこれからは理屈抜きに「ヒト・ヒト・ヒト」、人間力の時代なのです。

私の友だちを見ると付き合いの中心は同世代、あるいは同じような境遇の人たちです。そうするとどうしても人間としての視野が狭くなりがちです。そこへいくとさまざまな人たちと出会う機会の多い歯科医師や経営者は恵まれているかもしれません。今日も医院に行って大勢の二〇代、三〇代のスタッフと話しました。それぞれ境遇も違えば、大切にしている人も大切にしているものもさまざまです。偉い先生に教わらなくても、身近な人との付き合いの中に気づきがあります。そこから人間の幅が広がっていくのです。

ですから最近は意識して自分より一回り、二回りも下の世代の方のセミナーに話を聞きにいくようにしています。講師が後輩だったりすると驚かれてしまいますが、新たな学びと新たな出会いが未来への力になってくれます。

先日、私は朝礼で「幸せはなるものでなく感じるもの」だとスタッフに話しました。幸せを感じるために重要なことは

・大切な人を知る
・大切な人を大切にする
・大切な人の大切な人をもっと大切にする

この三つです。

今後も周囲の人に対するこの三つの心がけを忘れず、幸せをたくさん感じていこうと思っています。その基本はやはり「ヒト」です。人が集まらず、人が育たない組織に未来はない。このことをもう一度よく噛みしめて、患者様に感謝していただけるよう、周囲にいるスタッフがよりいきいきと働けるよう、宝歯会が業界のベンチマークになれる日まで頑張るつもりです。

本書を手にした皆様にとっても、この一冊が前向きな歯科医院運営を進めるきっかけになれば幸いです。

梶原浩喜

二〇二五年三月

梶原浩喜［かじわら・ひろき］
医療法人宝歯会グループ代表　歯学博士
近未来オステオインプラント学会専門医指導医
ＩＣＯＩ口腔インプラント学会認定医
日本臨床歯周病学会認定医　歯周インプラント認定医
日本顎咬合学会認定医

一九六〇年、福岡県生まれ。一九八八年、鹿児島大学歯学部卒業後、三〇歳で故郷の北九州市若松区にチェア二台の「かじわら歯科小児歯科医院」を開院。

「患者様と永く、スタッフと永く、地域の皆様と深く永くお付き合いする」をミッションに掲げ、患者様に広く支持されている。

開業一六年目より分院展開を続け、現在は、福岡県・山口県・広島県・岡山県・兵庫県・神奈川県を跨ぐ二三の直営の歯科医院を運営。在籍医一五〇名、患者様数五〇万人以上の歯科医療グループとなる。

二〇二一年、研究者の支援のために一般財団法人梶原浩喜財団を設立。

運営者としての仕事に加え、現在も精力的に歯科医療に取り組みながら若手の歯科医師育成に力を入れている。

著書に『大切な人を大切にする大型歯科医療グループの管理しない運営』（幻冬舎、二〇二二）がある。

大切な人を知り、大切な人を大切にする 医院運営

発行日――二〇二五年四月二〇日
著者――梶原浩喜
印刷・製本――シナノ印刷株式会社
発行者――岡田澄江
発行――工作舎 editorial corporation for human becoming
〒169-0072 東京都新宿区大久保2-4-12 新宿ラムダックスビル12F
phone：03-5155-8940 fax：03-5155-8941
url：www.kousakusha.co.jp e-mail：saturn@kousakusha.co.jp
ISBN978-4-87502-575-7